Der spirituelle Ratgeber

ATTRACTING
LOVE

♥

Titel der Originalausgabe
'The spiritual guide to attracting love
How to manifest the love you deserve'
© 2012 Octopus Publishing,
London UK

Carolyn Boyes
Der spirituelle Ratgeber · Attracting Love
Manifestiere die Liebe deines Lebens

© Lüchow
in J. Kamphausen Verlag und Distribution GmbH, Bielefeld 2011
info@j-kamphausen.de | www.weltinnenraum.de

1. Auflage 2012

Übersetzung: Regina Rademächers, agentur SpuK
Lektorat: Anne Petersen
Umschlag & Satz: Kerstin Fiebig, ad department
Grafische Gestaltung der Originalausgabe: Yasia Williams
Druck & Verarbeitung: Toppan Printing Tokyo

Bibliografische Information der Deutschen Nationalbibliothek
Die Deutsche Nationalbibliothek verzeichnet diese Publikation
in der Deutschen Nationalbibliografie; detaillierte bibliografische
Daten sind im Internet über http://dnb.d-nb.de abrufbar.

ISBN 978-3-89901-551-5

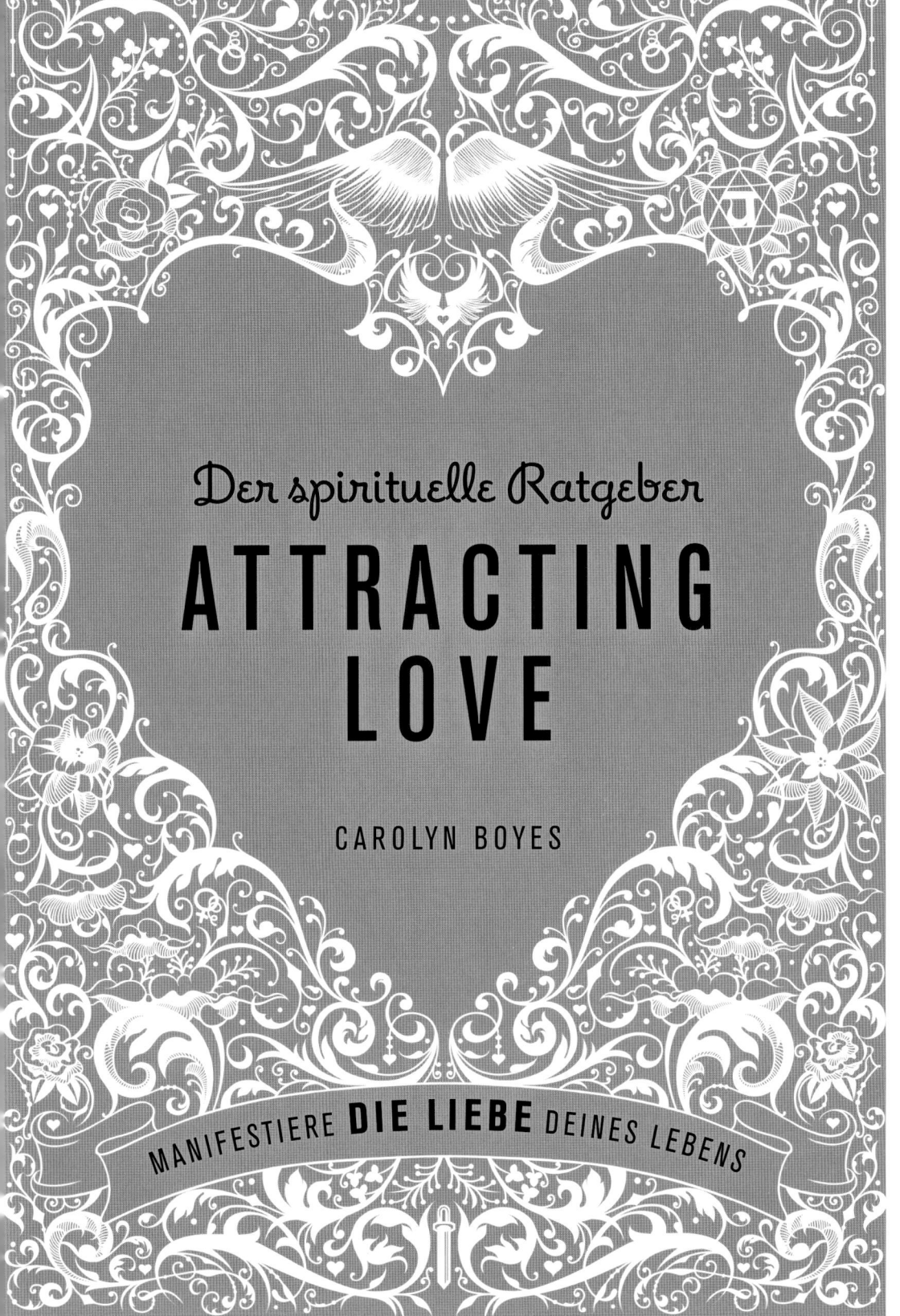

Der spirituelle Ratgeber

ATTRACTING LOVE

CAROLYN BOYES

MANIFESTIERE **DIE LIEBE** DEINES LEBENS

Inhalt

Einleitung

'DAS GROSSE KOMMT NICHT ALLEIN
DURCH IMPULS ZUSTANDE, SONDERN IST EINE
ANEINANDERKETTUNG KLEINER DINGE, DIE ZU
EINEM GANZEN VEREINT WORDEN SIND.'

VINCENT VAN GOGH

♥

Hast du dich je gefragt, was passieren muss, damit du jemanden findest, der dich wirklich liebt?

Ist es dein größter Wunsch, von jemandem geliebt zu werden, der dich genauso liebt, wie du ihn?

Ist es dein Traum, ein Leben zu führen, in dem du ganz du selbst sein kannst, umgeben von guten Freunden, Partner und Familie?

Aber vielleicht sehnst du dich am meisten danach, dich selbst zu lieben und dich mit dir selbst wohlzufühlen.

Dieses Buch zeigt dir, wie du das Gesetz der Anziehung und die Weisheit verschiedener alter spiritueller Traditionen nutzen kannst, um Liebe in dein Leben einzuladen, alte Verletzungen zu heilen und ein glückliches und erfüllendes Leben zu führen. Mit einfachen, aber effektiven Techniken und Ritualen lernst du, dich selbst zu stärken und dein Leben nach deinen Wünschen zu verändern. Dabei ist es nicht nötig, einem besondern Glauben oder einer Religion anzugehören – die Gedankenwege und die Techniken passen immer, egal welchen kulturellen Hintergrund du hast. Auch wenn du dich schon mit Manifestationen, Visualisierung, Zielsetzungen und Wünschen an das Universum beschäftigt hast, ohne bisher wirklich das erreicht zu haben, was du dir wünschst, wird dir dieses Buch helfen.

Was ist Liebe?

Die Liebe verwirrt die Menschen schon seit tausenden von Jahren. Was ist Liebe? Früher hat man gesagt, die Liebe sei eine Macht, die mehr Kraft habe als eine ganze Armee. Oder ein unbezahlbares Gut, denn es ist das Einzige auf der Welt, das man anderen geben und gleichzeitig behalten kann. Was bedeutet Liebe für dich?

Wir alle haben unsere eigene Definition des Begriffes Liebe, doch ich denke, man kann davon ausgehen, dass die Liebe ein grundlegendes menschliches Bedürfnis ist. Von dem Augenblick an, in dem wir den Mutterleib verlassen, bis zum Augenblick unseres Todes teilen wir alle das Bedürfnis nach Liebe.

Dieses Buch konzentriert sich in erster Linie auf romantische Beziehungen und zeigt dir, wie du einen liebevollen Partner findest. Doch Liebe kann auf vielfältige Art und Weise in unser Leben treten: etwa als liebevolle platonische Freundschaft, als Liebe der Familie, als Liebe der Kinder und natürlich als Liebe eines Partners.

Die Formel für mehr Liebe

Dieses Buch zeigt dir Möglichkeiten auf, wie du ein Leben voller Liebe führen kannst. Alles zusammengenommen ergibt sich das, was ich die „Liebesformel" nenne. Wenn du dich an diese Formel hältst, dann kannst du dein Leben ändern und es mit der Liebe erfüllen, die du dir ersehnst – egal in welcher Form.

Schritt 1: Glauben

Betrachte und – wenn nötig – ändere deine Glaubenssätze. Das Gesetz der Anziehung besagt, dass wir genau das manifestieren, wovon wir glauben, dass wir es anziehen können. Es zieht seine Kraft aus der Macht der Gedanken. Auch wenn wir uns dessen nicht bewusst sind, sind es doch unsere Gedanken, die dafür sorgen, dass wir genau das Leben führen, von dem wir denken, es sei genau das, was wir erreichen können und was wir verdienen. In den Kapiteln 1 und 2 sehen wir uns genauer an, wie das in der Praxis funktioniert. Die Beispiele erzählen von Menschen, die ihr Leben verändert haben, indem sie ihre Glaubenssätze änderten. In manchen Fällen ist es ganz einfach, den Gedanken eine neue Richtung zu geben: Erkenne, welche Gedanken es sind, stelle neue Glaubenssätze auf und nimm diese an! In anderen Fällen müssen jedoch erst die Verletzungen der Vergangenheit ausheilen.

Schritt 2: Lieben

Behandele dich genau so, wie du willst, dass andere dich behandeln. In Kapitel 3 erkläre ich, wie „Liebe Liebe bedingt". Wenn du dich selbst liebst und niemanden brauchst, um glücklich zu sein, dann werden paradoxerweise mehr Menschen auftauchen, die dich glücklich machen wollen und dich lieben.

Schritt 3: Zukunft bestimmen

Finde heraus, was du wirklich in deinem Leben willst. Sowohl unsere Absichten als auch unsere Glaubenssätze sind der Schlüssel dafür, was wir in unserem Leben anziehen. Wenn du eine Vision hast, deren Umsetzung wahrscheinlich ist, dann wird dir dies auch gelingen, solange dich deine Glaubenssätze dabei unterstützen. Sage dem Universum so genau wie möglich, was du dir von ihm wünschst, und es wird deinem Wunsch nachkommen und ihn erfüllen. In Kapitel 4 wirfst du einen Blick darauf, was du dir für dein Leben wünschst, und du wirst herausfinden, wie du das Gesetzt der Anziehung nutzen kannst, um genau das zu bekommen. Ich habe die besten Methoden ausgewählt, mit denen man die Liebe manifestiert. Sie wirken immer und verändern das Leben der Menschen nachhaltig.

Schritt 4: Energie aufbauen

Indem wir das Universum – die unsichtbare Welt der uns umgebenden Energie – um Hilfe bitten, geben wir unseren Träumen Energie… ähnlich einer wiederaufladbaren Batterie. In Kapitel 5 zeige ich dir, wie du mit deinen nächtlichen Träumen arbeiten kannst, wie du tagsüber entspannst und Tagträume dazu nutzt, die eigenen Visionen so real wie möglich werden zu lassen. Es geht auch darum, die Blockaden, die dich davon abhalten, Liebe zu manifestieren, aufzuspüren. Spirituelle Helfer können dich dabei unterstützen, dein Herz weit zu öffnen und so zum Liebesmagneten zu werden. In den Kapiteln 6 und 7 erkläre ich dir, wie man das Universum um Hilfe bittet. Du kannst die Energien der Gottheiten, die allgemein mit der Liebe in Verbindung stehen, oder aber das Krafttier deines Herzens um Unterstützung bitten. Auch Liebesrituale sind eine Möglichkeit. Die Wahl bleibt dir überlassen. Je stärker du daran glaubst, dass du Liebe anziehen kannst und wirst, desto erfolgreicher wirst du sein. Und durch Liebesrituale zeigst du dem Universum, dass du jeden Tag dazu bereit bist, die Liebe zu finden.

Welche Veränderungen kannst du erwarten?

Du kannst davon ausgehen, dass du dein Leben soweit ändern kannst, wie du selbst glaubst, dass es möglich ist. Das Ergebnis hängt ausschließlich von dir ab. Ich bin davon überzeugt, dass du außergewöhnlich viel schaffen kannst – und ich rate dir, ebenfalls davon überzeugt zu sein!

Dies ist ein Universum unendlicher Möglichkeiten. Es ist egal, zu welchem Zeitpunkt du deine Reise beginnst. Es zählt nur, welchen Weg du einschlägst. Sobald du Veränderungen angehst, dann wirst du selbst die Veränderung in deinem Leben werden.

Und wie erkennst du, dass du wirklich die echte und dauerhafte Liebe angezogen hast? Nun, dafür gibt es nur einen Beweis: ein Glücksgefühl, jeden Tag! Entweder, weil du dir selbst völlig genügst oder weil du jemanden gefunden hast, mit dem du dein Leben teilen willst.

Wenn du eine romantische Liebesbeziehung eingehst, dann wirst du sehen, dass die Liebe dein Leben auch in anderer Hinsicht beeinflusst: mehr Freude, mehr Glück und mehr Lachen an jedem einzelnen Tag – auch in der Familie und mit Freunden.

Es gibt ein schönes Zitat des französischen Schriftstellers Henri Nouwen:

„Freude bedeutet zu wissen, dass man bedingungslos geliebt wird und dass nichts – weder Krankheit, Fehler, seelisches Leid, Traurigkeit, Krieg oder sogar der Tod – diese Liebe zerstören kann."

Ist es das, was du erleben möchtest? Bist du bereit dazu, in deinem Leben glücklich zu sein? Wenn du aus tiefer Überzeugung mit Ja antworten kannst, dann nimm dieses Buch. Es hilft dir dabei, diese Freude jeden Tag zu erleben – indem du die Liebe in dein Leben lässt.

KAPITEL 1

Öffne dich der Liebe – die Kraft der Gedanken

'EIN LIEBENDES HERZ IST DER ANFANG ALLEN WISSENS.'

THOMAS CARLYLE

♥

Fragst du dich, ob du jemals jemanden finden wirst, der dich um deiner selbst willen liebt? Hast du das Gefühl, dass die Liebe dich übergangen hat?

Wir alle wünschen uns Liebe, ob wir es nun zugeben oder nicht. Es ist das grundlegendste menschliche Bedürfnis. Wenn du bereit bist, dich von alten Verletzungen, schlechten Beziehungsmustern oder kräftezehrenden Freundschaften zu trennen, und stattdessen einen dauerhaften Wandel in deinem Leben vollziehen willst, dann bin ich sicher, dass es möglich ist, die Liebe zu finden, egal wer du bist, wie alt du bist und wo du lebst.

Liebe nur zu wollen, reicht nicht aus, damit sie wirklich geschieht. Das Wollen und Hoffen stößt das, was du dir wünschst, ab – es strahlt eine Energie des Mangels aus (Mangel von Hoffnung, Mangel dessen, was du willst). Liebevolle Gedanken ziehen stattdessen die Liebe magnetisch an.

In diesem Kapitel liest du:

♥ Über das Gesetz der Anziehung und die Kraft der Gedanken.

♥ Wie deine Gedanken deine Zukunft beeinflussen – absichtlich oder zufällig.

♥ Wie du deine Gedanken und dadurch dein Leben veränderst.

BEISPIEL: LUCY

Lucy war zehn Jahre verheiratet. In den ersten Jahren, als sie und ihr Ehemann Steven gemeinsam Kinder bekamen, wirkten beide sehr glücklich. Lucy blieb zu Hause und kümmerte sich um die Kinder, während Steve arbeiten ging. Dann ging alles bergab: Lucy fand heraus, dass ihr Mann eine Affäre hatte, nicht erst seit sie miteinander verheiratet waren, sondern schon seit sie sich kannten. Sie war am Boden zerstört. Sie brauchte mehrere Monate, um damit klarzukommen und zu entscheiden, wie es weitergehen sollte. Sie hatte Angst davor, allein zu sein und die Kinder alleine großzuziehen. Aber letztlich bat Lucy Steven, auszuziehen.

Die Geschichte brach ihr wirklich das Herz. „Ich fühlte mich so im Stich gelassen, dass ich nichts Gutes mehr von der Liebe erwartete. Ich entschied, dass alle Männer schwach sind oder mich betrügen würden, genauso wie Steven es getan hatte. Tief in mir drin dachte ich, dass vielleicht etwas mit mir nicht stimmt. Ich gab den Gedanken auf, jemals wieder glücklich und geliebt zu sein."

Über zehn Jahre dauerte die Durststrecke in Lucys Beziehungsleben. Währenddessen wurden ihre Kinder langsam groß. Sie hatte ein paar Verabredungen und kurzfristige Affären. Aber sie erkannte, dass es für sie sehr schwer war, einem Mann ausreichend zu vertrauen, um sich fallen zu lassen und eine Beziehung einzugehen.

„Ich wusste nicht, dass ich mich nicht binden und nicht vertrauen konnte", sagt Lucy. „Wenn man mich in den letzten Jahren gefragt hätte, hätte ich gesagt, dass ich mir nichts mehr wünschen würde, als mich in jemanden zu verlieben, der auch mich liebt. Aber ein Teil von mir glaubte nicht, dass das möglich wäre."

Lucys Geschichte ist eine von denen, die viele von uns so oder ähnlich erlebt haben. Wenn man einmal durch eine unglückliche Kindheit oder eine traurige Liebesgeschichte traumatisiert wurde, ist es leicht, den Glauben an die wahre Liebe zu verlieren. Vielleicht sehnen wir uns danach, uns zu verlieben, aber zur gleichen Zeit sagen uns all die alten Verletzungen, dass wir wieder verletzt werden. Wenn du dieses Muster durchbrechen willst, dann muss du zuerst verstehen, warum du genau diese Erfahrungen gemacht hast.

Das Gesetz der Anziehung

Der spirituelle Weg, die Liebe anzuziehen, basiert auf dem Gesetz der Anziehung. Dieses, dem Universum zugrunde liegende Prinzip, bringt Dinge, Ereignisse und Menschen wie ein Magnet in unser Leben. Es ist ein energetisches Gesetz, das besagt, dass wir das in unserem Leben anziehen, worauf wir unsere Aufmerksamkeit richten. Dies war schon verschiedenen alten spirituellen Traditionen wie dem polynesischen Schamanismus (spirituelle Lehre der Inseln des pazifischen Ozeans), dem Tantrismus (esoterischer Aspekt des Hinduismus) und dem Christentum bekannt. Dieses Wissen wurde ursprünglich von „Heiligen Männern" und „Bewahrern" streng bewacht. Heute ist es allgemein bekannt.

All diese Traditionen erwähnen ein spirituelles Universum, das außerhalb des uns bekannten greifbaren Universums existiert, und in dem alle Lebens- und Schöpfungskräfte begründet sind.

DAS SPIRITUELLE UNIVERSUM

Das Universum an sich ist ein Universum aus Energie und Gedanke. Die Energie des spirituellen Universums hat eine höhere Schwingungszahl als die des greifbaren Universums, aber beide sind aus der gleichen Grundenergie gemacht, die viele Namen trägt: Äther, chi, mana, prana oder einfach Licht. Inmitten der höheren Schwingungszahl des Universums findet man spirituelle Helferwesen, wie Engel und andere Führer (s. Kapitel 7, Seite 144). Auch dein höheres, unsichtbares spirituelles Selbst lebt in diesem Teil des Universums.

Die Energie trägt den Gedanken. Jeder Gedanke, den du hast, ist im spirituellen Universum lebendig und wird dann im physischen Universum realisiert. Wenn du denkst, dass du gesund bleibst, dann wirst du auch gesund bleiben. Wenn du glaubst, dass du reich oder geliebt werden wirst, dann wird auch das geschehen. Das ist das Gesetz der Anziehung. Einfach ausgedrückt: Worauf du dich konzentrierst, das ist das, was du in deinem Leben schaffen wirst. Was du wirklich in dir siehst, wirst du sein. Das Universum ist darauf programmiert, dir die Liebe zu bringen, die du dir wünschst, sobald du auch selbst dafür bereit bist, sie zu empfangen. Es spiegelt in der Wirklichkeit ganz genau die Summe all dessen wider, wovon du glaubst, dass du es sein kannst, machen kannst und haben wirst.

AUFRICHTIG GLAUBEN

Die Idee, dass das Universum darauf programmiert ist, uns das zu liefern, was wir uns wünschen, kann ganz schön verwirrend sein. Ich hatte Klienten im Coaching, die meinten: „Das ist nicht fair. Ich wünsche mir wirklich eine glückliche Beziehung/gute Freunde/mehr Liebe im Leben. Ich denke immer daran, aber nichts geschieht! Warum nicht?"

Darauf gibt es eine ganz einfache Antwort: Wir ziehen dasjenige in unser Leben, dem wir Beachtung schenken – egal ob es positiv oder negativ ist. Jegliche Realität existiert zunächst im Geiste bevor sie in der Gegenwart existent wird. Wenn du also am Tag zehn Minuten Zeit damit verbringst, ganz bewusst an die Liebe und all die glücklichen Momente zu denken, die du in dein Leben bringen möchtest, aber die restlichen 23 Stunden und 50 Minuten unbewusst glaubst, dass dir so etwas sowieso nie zuteil werden wird, dann rate mal, welche Art von Erfahrungen du wohl für dich heraufbeschwörst?

Das Gesetz der Anziehung arbeitet auf dem Level der Gedanken. Wir ziehen das an, von dem wir überzeugt sind, dass wir es verdienen. Wenn du also daran glaubst, dass du jemanden findest, der dich begehrt und wertschätzt, dann wirst du diese Person auch in der Realität in dein Leben bringen oder einladen. Und wenn du dich ganz tief in dir drin selbst nicht liebst, dann wirst du unwillentlich Erfahrungen in deinem Leben heraufbeschwören, die deinen Glauben, du seist nicht liebenswert, untermauern.

Das Universum weiß jeden Augenblick, worauf du dich fokussierst. Um Liebe in dein Leben zu bringen, musst du darauf achten, was du wirklich denkst und wirklich glaubst. Es reicht nicht, nur zu hoffen und zu wünschen, dass etwas geschieht. Dein Leben wird sich in dem Augenblick ändern, in dem du wirklich glaubst, dass es geschehen kann, und du dir eine neue Zukunft ausmalst.

Mehr oder weniger zehn Jahre lang wünschte sich Lucy (Beispiel auf Seite 14) verzweifelt mehr Liebe in ihrem Leben, hatte aber keinen Erfolg damit, weil in ihrem Inneren ein Machtgerangel stattfand, von dem sie nur wenig mitbekam. Ihr Kopf wollte Liebe, aber ein anderer Teil von ihr umschloss ihr Herz mit einer festen Mauer. In ihrem Inneren hatte Lucy Angst davor, noch einmal verletzt zu werden, und sie wusste, dass, wenn sie Nähe zuließe, diese so verraten würde, wie Steven es einst getan hatte, denn vielleicht „war es ja ihre Schuld", „vielleicht war sie nicht liebenswert".

DU KANNST NUR ERREICHEN, WAS DU DIR VORSTELLEN UND GLAUBEN KANNST

Mangel zieht Mangel an

Vielleicht liest du dieses Buch, weil du spürst, dass irgendwie die Liebe in deinem Leben fehlt. Du spürst einen Mangel, eine Lücke, die gefüllt werden muss. Eventuell fehlt dir die Gemeinsamkeit mit Freunden; oder auf einem tieferen Level fehlt dir ganz einfach das Gefühl der Liebe.

Ich kenne nur wenige Gefühle, die schlimmer sind als das der Einsamkeit, ohne Hoffnung auf Änderung. Es ist für die anderen recht einfach, dir zu sagen, nicht aufzugeben oder doch das Schöne im Leben zu sehen. Aber wie schaffst du es, dich von einem Ort des Mangels hin zu einem Ort des Glaubens und der Fülle zu bringen?

Was du gerade fühlst – wenn es nicht Liebe ist – ist sehr wahrscheinlich Mangel:

Über eine zerbrochene Beziehung zu weinen, ist Mangel.

Das Gefühl, wenn du abends alleine bist, dich nach einem Telefonanruf, einem Freund oder jemandes Umarmung sehnst, ist Mangel.

Anderen die Schuld an deinem Schmerz zu geben, weil sie nicht gefragt haben, wie es dir geht, dich nicht angerufen oder eingeladen haben, ist Mangel.

Zu denken, du seist nicht gut genug oder mit dir sei irgendetwas Grundlegendes nicht in Ordnung, sodass du die Liebe abstößt, ist Mangel.

Bereit für Veränderung?

Bist du bereit, das zu tun, was notwendig ist, um dein Leben glücklicher zu machen? Diese Frage wurde mir einst gestellt – und der Hieb saß. Denn das ist genau der Ausgangspunkt für alle Veränderungen, jedenfalls was mich betrifft.

Denke über deine Antwort nach – nimm dir einen Tag Zeit und schau, was dir so in den Kopf kommt. Denn, um ehrlich zu sein, manchmal ist es wirklich einfacher, nicht glücklich zu sein und so weiterzumachen, wie bisher, als loszulegen und sich zu verändern.

Was machst du, wenn deine Antwort Nein lautet? Nun, als Erstes solltest du akzeptieren, dass dies der Punkt ist, an dem du gerade stehst. Bei Selbstakzeptanz beginnt und endet Heilung. Wenn du dich einmal akzeptiert hast, kannst du in positiver Weise weitermachen, alte Verletzungen heilen und deine alten Gedankengänge durch neue ersetzen.

Woran wir bewusst denken und worauf wir uns konzentrieren, das ist nicht immer das, worauf wir uns unbewusst fokussieren. Es kann sein, dass du ganz klare Ziele und Wünsche hast, diese aber nicht Wirklichkeit werden. Manchmal sind unsere Vorstellungen vom Leben vor so langer Zeit geformt worden, dass sie jetzt völlig außerhalb unserer Wahrnehmung liegen, tief vergraben in unserem Unterbewusstsein.

Nur wenn du dir die Zeit nimmst, deine Überzeugungen zu ergründen, dann kannst du sie auch verändern.

Verändere deine Glaubenssätze dauerhaft

Die eigenen Gedanken zu ändern, ist der beste Hebel, den du hast, wenn du deine Wünsche Wirklichkeit werden lassen willst. Die Gedanken zu verändern heißt, sich besser zu fühlen.

Kraftvolle Gedanken sorgen dafür, dass du dich glücklicher fühlst, denn du hast mehrere Wahlmöglichkeiten für das Leben, das du führen willst.

Viele Menschen mögen die Idee der Manifestation, glauben aber, dass es schwierig sei und geben wieder auf. Um eines klarzustellen: Beim Verändern der Gedanken geht es darum, die eigene Vorstellungskraft zu nutzen – wenn du dir dein Leben anders vorstellen kannst, dann kannst du dein Leben auch anders gestalten:

Kannst du dir vorstellen, jemand zu sein, der geliebt wird?

Kannst du dir vorstellen, mit dir selbst liebevoll umzugehen?

Kannst du dir vorstellen, anderen gegenüber liebevoll zu sein?

Wie würde dein Leben aussehen? Was würde stattdessen in deinem Leben geschehen?

Welche Gedanken auch immer diese Fragen hervorbringen, entscheide einfach, dass sie zum Ausgangspunkt eines neuen Lebens werden. Fang an davon zu träumen, wie dein Leben in der Zukunft ein anderes sein kann.

GLAUBENSSÄTZE DES MANGELS UND DER LIEBE

Es gibt einige weit verbreitete negative Glaubenssätze zum Thema Liebe:

♥ Ich verdiene es nicht, geliebt zu werden.

♥ Mit mir stimmt etwas nicht.

♥ Ich muss ein bestimmter Typ Mensch sein, um geliebt zu werden.

♥ Andere Menschen werden mehr geliebt als ich, weil sie auf irgendeine Art und Weise besser oder netter sind als ich.

♥ Ich muss etwas tun oder etwas Bestimmtes erreichen, um Liebe zu verdienen.

Im Gegensatz dazu hier einige positive Glaubenssätze:

♥ Jeder verdient Liebe.

♥ Ich verdiene Liebe, weil ich bin, wer ich bin.

♥ Das Universum will, dass ich geliebt werde.

♥ Es gibt genügend Liebe für jeden Menschen.

♥ Es spielt keine Rolle, was mir in der Vergangenheit passiert ist, ich kann auch jetzt und in der Zukunft geliebt werden.

♥ Ich kann meinen Teil dazu tun, Liebe geschehen zu lassen, indem ich meine Gedanken und mein Handeln verändere.

ALTE GLAUBENSMUSTER ZERSTÖREN

Folgende Geschichte zeigt, wie viel Kraft einem einmal anerlernten Verhalten innewohnt:

Fünf Affen werden zusammen mit einer Leiter in einen Käfig gesperrt. Von der Decke hängt eine Banane herab. Immer, wenn ein Affe zu der Banane hochklettert, werden alle Tiere mit kaltem Wasser übergossen, und nach einer Weile haben die Affen gelernt, nicht die Leiter hochzuklettern.

Dann kommt es zu einer überraschenden Wendung: Einer der Affen wird ausgetauscht. Der neue Affe will die Leiter hochklettern, doch die anderen greifen ihn an, um ihn zu stoppen. Es dauert nicht lange, und auch dieser Affe hat gelernt, nicht die Leiter hochzuklettern. Dann wird wieder ein Affe ausgetauscht und wieder kann man das gleiche Verhaltensmuster beobachten. Am Ende bleibt keiner der ursprünglichen Affen in der Gruppe, aber trotzdem haben alle Affen gelernt, was sie nicht dürfen.

Was bedeutet das für das wahre Leben? Angewohnheiten und Gedankengänge werden innerhalb einer Organisation, Gruppe oder Familie weitergereicht. Nach einer Weile nimmt jeder die Verhaltensweisen an, ohne deren ursprünglichen Grund zu kennen.

Du wirst einige Gedankengänge haben, derer du dir gar nicht bewusst bist. Einige davon mögen dich beschützen – so wie sich die Affen davor schützen, mit kaltem Wasser begossen zu werden – andere werden dich blockieren. Es könnte andere Gedankengänge geben, die nützlicher wären und dich trotzdem keiner Gefahr aussetzen. Wenn du in der Liebe niemals ein Risiko eingehst, dann solltest du dir ein paar Fragen stellen:

Warum handle ich so? Welche Gedanken unterliegen meinem allgemeinen Handlungsmuster?

Wie fühle ich mich mit meinen gegenwärtigen Glaubenssätzen?

Welche Konsequenzen haben die gegenwärtigen Glaubenssätze für mich, für andere und für mein Leben an sich?

Du musst nicht so denken oder handeln, wie du es immer getan hast, nur weil es alle so tun oder die anderen in deiner Familie oder deine Freunde es schon immer so getan haben.

WERDE EIN GLAUBENSSÄTZE-DETEKTIV

Ich wette, du hast keine Ahnung, was für ein großartiger Detektiv du bereits bist! Du hast viel Zeit in deinem Leben damit verbracht, Beweise zu finden, die deine gegenwärtigen Glaubenssätze stützen, egal wie diese aussehen. Je älter wir werden, desto geschickter sind wir darin. Wir merken uns Erlebnisse, die genau das belegen, was wir denken. Das, was unsere Vorannahmen nicht unterstützt, blenden wir einfach aus.

Wenn du anfängst, deine Gedanken bewusst zu beobachten, dann wird dir dein Unterbewusstsein dabei helfen, die Glaubenssätze herauszufinden, die deiner Liebe im Wege stehen. Und um zu ändern, wovon du bisher überzeugt warst, musst du Jagd auf solche Beweise machen, die deine neue Denkweise stützen.

Bist du dir deiner Glaubenssätze zum Thema Liebe bewusst? Notiere alle Gedanken, die dir zur Liebe und zum Leben im Allgemeinen in den Kopf kommen.

Erkenne deine Liebesblockaden

Je mehr du dich darüber lustig machst, warum du noch immer nicht die wahre Liebe gefunden hast, desto vehementer werden dir deine Liebesblockaden im Wege sein. Sobald du weißt, was dich blockiert, kannst du dich davon befreien. Gestehe dir ein, wie du dir selbst, der Liebe, alten Verletzungen und heutigen Gefühle, deinen Freunden, deiner Familie und dem Leben gegenüber eingestellt bist. Wenn du diese Gefühle akzeptierst, dann bist du auf dem besten Wege, sie richtig zu stellen. Es ist ganz einfach, damit zu beginnen:

Lies in den nächsten Tagen täglich etwas über die Liebe. Sammle Artikel aus Zeitschriften, schau in die Tageszeitung und surfe durchs Internet. Lies etwas über Verlobungen, Paare, über Hochzeiten und Partnerschaften, Freundschaften, Eltern und Kinder, Familie oder Zusammensein.

Wenn du alles liest, was dir zu diesem Thema in die Finger kommt, dann möchte ich, dass du deine Gedanken dazu aufschreibst. Ziel der Übung ist, dass du siehst, wie deine wahren Reaktionen zum Thema Liebe und allem, was dazugehört, aussehen. Sei aber wirklich ehrlich zu dir selbst! Es macht keinen Sinn, so zu tun, als seist du der Liebe gegenüber positiv eingestellt oder als würdest du gerne in einer Partnerschaft leben, wenn dem nicht so ist. Du sollst dir deine eigenen Glaubenssätze klarmachen!

Bist du glücklich, wenn du von anderen Menschen liest, die glücklich verliebt sind? Vielleicht liest du auch gar nicht gern über das Glück anderer Menschen, weil das mit deinen eigenen Gefühlen kollidiert? Das ist ganz normal, wenn man die Liebe, die man sich wünscht, nicht selbst erlebt.

Welches Gefühl macht sich in deinem Körper breit, wenn du das Wort „Liebe" hörst oder siehst? Vielleicht fühlst du eine leichte Anspannung in der Brust oder ein Ziehen im Magen, wenn du hörst, dass ein Paar heiraten wird. Nev, einer meiner Klienten, der eine harte Scheidung hinter sich hatte, strich sich immer unbewusst an der Stelle des Fingers entlang, an der sein Ehering gesessen hatte. Du musst nichts von dem, was du entdeckst, direkt interpretieren. Schreibe deine Reaktionen und alle damit verbundenen Gedanken einfach auf.

Dann achte auf deine Reaktionen bei den Begriffen Liebhaber, Freund, Freundin, Ehemann, Ehefrau und Beziehung oder was du sonst noch mit der Liebe in Verbindung bringst.

Welche Gedanken schießen dir durch den Kopf? Glaubst du an die Liebe? Denkst du, du müsstest etwas tun, um sie zu verdienen? Müsstest du eine bestimmte Person sein? Ein bestimmtes Vermögen aufgebaut haben, ein bestimmtes Gehalt verdienen?

Solche Fragen mögen dir absurd erscheinen oder aber sie lassen dich noch weiter denken. Wir sind alle unterschiedlich und einige stellen extraordinäre Bedingungen an die Liebe.

Notiere dir deine Gedanken und Gefühle in den nächsten Tagen. Wenn du beim Lesen über die Liebe bestimmte Gefühle spürst, dann schreibe kurz auf, wo du diese in deinem Körper fühlst.

Was auch immer hochkommt – nimm es nur wahr, ohne es zu werten. Du stehst dort, wo du stehst. Du sollst dir nur klarmachen, ob es Liebesblockaden in deinen Gedanken, Glaubenssätzen und Gefühlen gibt. Je klarer dein Geist wird, umso schneller wird er diese Blockaden bei Seite räumen und desto eher kannst du damit beginnen, wie ein Magnet die Liebe anzuziehen, die du dir für dein Leben wünschst.

VERSTECKTE ÜBERZEUGUNGEN

Du kannst deine versteckten Überzeugungen und Gefühle auch entdecken, indem du dir anschaust, was gerade in deinem Leben geschieht. Analysiere deine Ergebnisse so objektiv wie möglich.

Frage dich: Wenn dies einem anderen Menschen widerfahren würde, was würde ich vermuten, was diese andere Person über sich selbst denkt? Würde er Glaubenssätze des Mangels oder Glaubenssätze der Liebe verinnerlicht haben?

BEISPIEL: JODIE

Jodie war eine Klientin, die mehrere Monate zu mir kam. Sie erzählte immer wieder dieselbe Geschichte: Egal, was auch geschah, es war immer die Schuld ihrer Freunde, die nie da waren, wenn sie sie brauchte, und sie hatte keine Ahnung, warum so etwas immer ihr passierte.

Als wir über die Vergangenheit sprachen, wurde klar, dass sich dieses Muster durch ihr Leben zog, seit ihr Vater die Familie verlassen hatte, als die Kinder noch sehr klein waren. Unbewusst war sie tief in sich drin überzeugt, dass „die Leute" sie immer ablehnten.

Dieser Glaubenssatz war mit einer Menge von Gefühlen verbunden – und was geschah? Das Muster wiederholte sich als Gesetz der Anziehung immer wieder und ließ in ihrem Leben immer mehr Dinge geschehen, die diesen Glaubenssatz untermauerten.

BEISPIEL: MAGGIE

Es ist leicht, sich über sein eigenes Denken lustig zu machen. Maggie hat sich jahrelang darüber lustig gemacht. Maggie war eine schlaue, attraktive Frau und ein richtiger Partylöwe. Sie tat alles, um fast jeden Abend ausgehen, tanzen und trinken zu können. Sie fühlte sich schlecht, wenn sie nicht jemanden um sich herum hatte, aber sie schaffte es nur selten, eine Beziehung länger als ein paar Wochen aufrechtzuerhalten, obwohl sie sich auf mehreren Dating-Webseiten angemeldet hatte und ständig von Männern gefragt wurde, mit ihnen auszugehen.

Maggie konnte nie verstehen, was schief lief, obwohl es ihren Freunden ganz klar war. Sie begann jede Beziehung auf die gleiche Art und Weise: Sie tat so, als wäre sie glücklich. Dann kam Stück für Stück wieder ihr Gefühl des Mangels an die Oberfläche und riss ihre Maske runter. Dann fing sie an, wissen zu „müssen", wo ihr Mann war, und ihn zu kontrollieren. Danach änderte sich ihr Verhalten, entweder sie machte sich rar oder aber sie gab sich mit dem wenigen zufrieden, was er ihr bot.

Die ganze Zeit über sagte Maggie unbewusst zu sich selbst: „Das ist, was ich verdiene." Man würde das nicht von ihr denken, wenn man sie zum ersten Mal traf, denn äußerlich war sie fröhlich und aufregend, aber innen drin versuchte sie verzweifelt, ihr Leben zu kontrollieren, weil sie den Mangel an Liebe spürte. Eines Tages entschied Maggie, nicht länger eine aufgesetzte Partymaus zu sein. Sie sah, was sie machte, was funktionierte und was nicht funktionierte. Und sie entschied, dass, was immer auch geschah, sie sich nicht länger selbst geißeln würde. Sie würde Single bleiben und sich zunächst selbst erst einmal lieben, bevor sie versuchen würde, jemand anderes zu lieben.

Sobald Maggie diesen Entschluss gefasst hatte, wurde sie von dem Typ Mann um ein Date gebeten, der wieder mit ihr spielen und sie dann fallen lassen würde. Aber dieses Mal lagen die Dinge anders: Maggie sagte Nein, denn sie hatte sich versprochen, zuerst sich selbst zu lieben. Dann sagte sie auch dem nächsten Mann: Nein. Je öfter sie dem Typ Mann, an den sie gewöhnt war, ablehnte, umso deutlicher wurde ihr, dass sie verrückt gewesen war, so viel Zeit mit den falschen Männern verbracht zu haben. Warum? Weil sie einfach mehr wert war.

Als sie schließlich wirklich davon überzeugt war, hörte das Universum auf, sie zu testen. Glen, ein freundlicher und liebender Mann, tauchte auf. Zunächst sah Maggie gar nicht, dass Glenn etwas ganz Besonderes war, denn früher hätte sie niemals einen Mann wie ihn beachtet. Doch nun sind sie verheiratet!

Als Maggie ihre neuen Glaubenssätze wirklich verinnerlicht hatte, bekam sie alles, wonach sie immer gefragt hatte. Nachdem sie erkannt hatte, dass sie nicht das Leben führte, das sie sich wünschte, wechselte sie die Wohnung und den Job. Nun ist ihr Leben voller Liebe, neuen Freunden und im letzten Jahr hat sie ein Kind bekommen.

Verpflichte dich der Veränderung

Das Beispiel von Maggie hat gezeigt: Sobald du dich der Veränderung wirklich verpflichtest, beginnt sofort das Gesetz der Anziehung für dich zu arbeiten. Es hält Erfahrungen für dich bereit, die dir zeigen, wie du Liebe in dein Leben bringst. Ändere Dinge im Außen und es wird sich im Innern anders anfühlen. Entscheide dich, dein Denken zu ändern, und dein Leben wird sich äußerlich genauso ändern, wie du dich innerlich verändert hast. Es ist ein stetiger Fluss.

Trotzdem kann es auch mal eine Weile nicht so gut laufen, denn manchmal stellt das Universum dein Engagement auf die Probe. Das ist auch der Grund, warum Maggie zunächst noch den falschen Typ Mann traf, bevor ihr dann der Richtige begegnete. Doch auch wenn es eine Weile dauert, kannst du dir sicher sein, dass das Gesetzt der Anziehung dein Leben umkrempeln und Veränderungen bringen wird. Hauptsache, du bist wirklich mit ganzem Herzen bereit, dich selbst zu lieben. Dann erst werden gute Freunde und eine wunderbare, neue Liebe in dein Leben treten.

Universelle Spiegel

Wenn du befürchtest, dass du so wie Lucy und Maggie negative Glaubenssätze über die Liebe verinnerlicht hast, sie aber nicht richtig zu fassen bekommst, dann gibt es eine einfache Möglichkeit, sie wie ein Detektiv aufzuspüren.

Es ist ganz leicht herauszufinden, wo auf deinem Weg zu einem neuen Leben du dich gerade befindest: Schau in die „universellen Spiegel" um dich herum. Das Universum ist unglaublich logisch. Es hält für uns eine sehr nützliche Checkliste parat, die wir uns jeden Tag anschauen können.

Aber was sind „universelle Spiegel"? Nun, ist dir jemals aufgefallen, dass deine Freunde ähnliche Probleme haben wie du? Gibt es Menschen um dich herum, die in irgendeiner Weise das widerspiegeln, wovon du überzeugt bist? Vielleicht fällt dir auf, dass viele deiner Freunde einsam oder unglücklich sind, dass sie schlechte Erfahrungen in ihren Beziehungen gemacht haben oder häufig verlassen wurden. Das kann dich darin bestätigen, dass das Leben halt genau so ist. Aber das Leben muss nicht so sein. Das Universum spiegelt dir nur die Überzeugungen, die du vom Leben hast, wider. Du wirst feststellen, dass die Spiegel am klarsten bei den Personen sind, die dir am nächsten stehen.

Sobald du damit anfängst, deine Glaubenssätze zu ändern, und du deine Aufmerksamkeit auf andere Gefühle und Gedanken richtest, wirst du merken, dass plötzlich ganz andere Menschen in dein Leben treten. Du wirst in einem Café ein Paar sehen, das ganz liebevoll miteinander umgeht, oder eine Gruppe von Freunden, die zusammen eine Menge Spaß haben. Vielleicht wird auch jemand, den du kennst und der eine harte Zeit durchgemacht hat, plötzlich den Durchbruch erleben. Nimm dies alles als Zeichen – in deinem Universum verändert sich etwas.

MEINE SPIEGEL

Denke an die Menschen, die dir in deinem Alltag besonders nahe sind. Was sind wohl deren Glaubenssätze? Was denken die von der Welt? Über die Liebe? Über Partnerschaft? Über die Ehe? Über alles, was du gerne in deinem Leben verändern würdest?

Sei ehrlich zu dir selbst. Wie viel von dem, was du niedergeschrieben hast, trifft auch auf dich zu?

Prüfe und ändere deine Glaubenssätze

Jetzt geht es daran, einige deiner Glaubenssätze ans Licht zu holen.

♥ Schreibe zehn Dinge auf, die du über die Liebe denkst, zum Beispiel:
„Ich glaube, dass ich mich ändern muss, um Liebe zu bekommen."
„Ich glaube, dass die Liebe nicht mehr möglich ist, wenn man älter als 35 ist."
Und so weiter…

♥ Finde die Überzeugungen heraus, bei denen es sich um Glaubenssätze
des Mangels handelt. Denke darüber nach, stelle sie infrage:
Kannst du dir Umstände vorstellen, unter denen diese Glaubenssätze nicht
wahr wären?
Welche würdest du stattdessen gerne aufrechterhalten?
Was für eine Person wärest du, wenn du deine Glaubenssätze
in positive Glaubenssätze ändern würdest?
Wie sähe dein Leben dann aus?
Ist das etwas, was du dir wünschst? Wenn nicht, was hättest
du stattdessen gern?

♥ Denke genau nach und kratze an jedem inneren Konflikt, den du findest.
Schreibe auf, was du bei den Glaubenssätzen, die du aufgespürt hast, wirklich
fühlst. Nimm dir Zeit, darüber nachzudenken, wie diese dein Leben beeinflussen und was du damit anziehst. Welche Beweise kannst du finden, die
deine positiven Glaubenssätze unterstützen?

Glaubenssätze aufzeichnen

Ein Trick, den ich vom Neurolinguistischen Programmieren (NLP) gelernt habe, ist es, Glaubenssätze sichtbar zu Papier zu bringen. Schreibe der Reihe nach jeden Glaubenssatz auf, dann verbinde sie zu einem Glaubenssatz-Baum oder einem Schaubild. Du kannst Pfeile von einem Satz zum nächsten ziehen, um deutlich zu machen, welche Überzeugung aus einer anderen hervorgeht oder einen Anlass zu weiteren Glaubenssätzen gibt. Dadurch wirst du Muster erkennen können: Einige Glaubenssätze sitzen tiefer als andere. Wenn du einen wirklich tief sitzenden Glaubenssatz ausmerzt, dann wirst du wahrscheinlich damit zusammen eine ganze Reihe weiterer Überzeugungen widerlegen können. Wenn wir eine Sache als wahr erachten, dann gehen wir durchs Leben und suchen nach Beweisen. So machen wir uns weitere Glaubenssätze zu eigen. Wenn du also einen tief verwurzelten Glaubenssatz loswirst, dann wird das gesamte Bündel, das daran hängt, mit verschwinden. Darum ist es auch so wichtig, Belege im Leben zu finden, die unsere tiefsten Überzeugungen widerlegen. So kann bewusst werden, wessen wir uns noch gar nicht bewusst sind.

Auf der nächsten Seite findest du ein Beispiel für einen Glaubenssatz-Baum. Es zeigt, wie eine tief sitzende Kernüberzeugung unsere bewusste Einstellung über die Liebe beeinflusst.

BEISPIEL FÜR EINEN GLAUBENSSATZ-BAUM

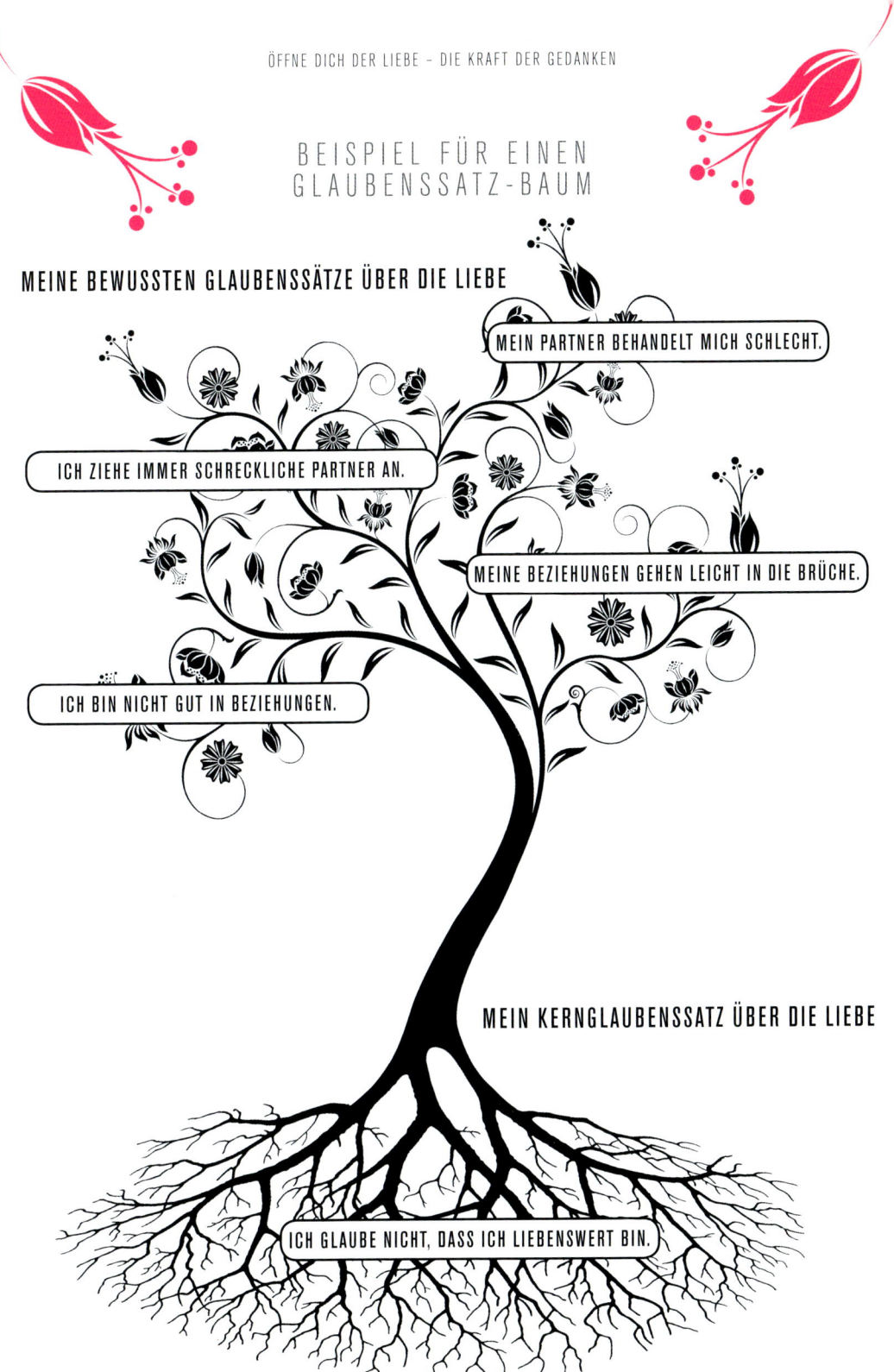

MEINE BEWUSSTEN GLAUBENSSÄTZE ÜBER DIE LIEBE

MEIN PARTNER BEHANDELT MICH SCHLECHT.

ICH ZIEHE IMMER SCHRECKLICHE PARTNER AN.

MEINE BEZIEHUNGEN GEHEN LEICHT IN DIE BRÜCHE.

ICH BIN NICHT GUT IN BEZIEHUNGEN.

MEIN KERNGLAUBENSSATZ ÜBER DIE LIEBE

ICH GLAUBE NICHT, DASS ICH LIEBENSWERT BIN.

Zeichne deine Glaubenssätze auf

MEIN GLAUBENSSATZ-BAUM

♥ Male deinen Glaubenssatz-Baum auf das größte Blatt Papier, das du finden kannst, oder kopiere die nebenstehende Vorlage. Füge so viele Glaubenssatz-Zweige ein, wie dir einfallen. Es wird dir eine große Befriedigung sein, später einschränkende Überzeugungen zu widerlegen und so einige der Zweige durchzustreichen bzw. neue kraftspendende Glaubenssätze zu ergänzen.

♥ Alternativ kannst du auch zwei Bäume zeichnen oder kopieren – in den ersten schreibst du das auf, was dich einschränkt, in den zweiten das, was dich weiterbringt. Auch Glaubenssätze, die du gerne übernehmen würdest, kannst du hier hineinschreiben.

♥ Lege die beiden Bäume nebeneinander. Ich schlage vor, den mit den ein-schränkenden Glaubenssätzen auf die linke Seite oder unter den mit den stärkenden Glaubensätzen zu legen, weil wir in der Regel die Zukunft von links nach rechts oder direkt vor uns verlaufen sehen. Dieser kleine visuelle Trick funktioniert recht gut, um das Unbewusste zu stimulieren.

♥ Das Gesetz der Anziehung arbeitet unseren Gedanken gemäß, aber auch ent-sprechend der damit verbundenen Gefühle. Wenn du dir klargemacht hast, welche Gefühle mit deinen Glaubenssätzen verbunden sind, dann zeichne diese ebenfalls auf. Du wirst sehen, dass der Baum mit den einschränkenden Glaubenssätzen alle Arten negativer Gefühle umfasst. Dein kraftspendender Baum hingegen wird alle Arten positiver Gefühle enthalten.

♥ Sobald du dich selbst davon überzeugt hast, dass Veränderung notwendig ist, kannst du nach Beweisen suchen, die deine kraftspendenden Glaubenssätze belegen (sowohl für dich persönlich als auch generell), und dir damit zeigen, dass du auf dem richtigen Weg bist.

♥ Wenn du noch mehr Unterstützung brauchst, dann lege alle alten Familien-muster oder Gruppenmuster ab und nimm neue Glaubenssätze an, die zu deiner Situation passen. Mach dir klar, wie lächerlich es wäre, dasselbe Welt-bild zu haben, das deine Urgroßeltern in einem vergangenen Jahrhundert hatten.

MEIN GLAUBENSSATZ-BAUM

MEINE BEWUSSTEN GLAUBENSSÄTZE ÜBER DIE LIEBE

MEIN KERNGLAUBENSSATZ ÜBER DIE LIEBE

DAS WESENTLICHE

Es ist egal, wo du gerade stehst. Du hast vielleicht etliche schlimme Beziehungen hinter dir. Vielleicht hattest du auch noch gar keine Beziehung oder du hattest eine ganze Menge Beziehungen, findest aber gerade nicht den Richtigen. Vielleicht hasst du dich manchmal, fühlst dich einsam oder einfach gelangweilt. Du denkst, dass es in der ganzen Welt niemanden gibt, der mit der gleichen Mischung aus Gefühlen und Umständen klarkommen muss. Es spielt keine Rolle, was bisher in deinem Leben geschehen ist. Es spielt keine Rolle, welche Art von Beziehung du dir wünschst und es spielt auch keine Rolle, ob du ein Mann oder eine Frau, ob du jung oder alt bist. Dein Ausgangspunkt ist ein neues Kapitel, das darauf wartet, geschrieben zu werden, während du dieses Buch liest und ein bisschen von dem, was du hier lernst, in die Praxis umsetzt.

Während du weiter liest, beginnt schon deine neue Zukunft, indem du dir deine Gedankenmuster bewusst machst. Das ist ganz einfach. Richte deinen Fokus auf die Gedanken, die du hast. Mache dir bewusst, wann du negative Gedanken anstelle von liebvollen und positiven Gedanken hast. Wenn du entdeckst, dass wieder Mangel und Leere deine Themen sind, merke es dir. Du musst dich dafür nicht rügen oder Ähnliches. Im Augenblick reicht es, wenn du es dir lediglich bewusst machst.

MEINE NOTIZEN

KAPITEL 2

Heile deine Vergangenheit

'GEH WEITER, AUCH WENN ES KEIN ZIEL GIBT.
VERSUCHE NICHT, DURCH DIE DISTANZEN ZU
SCHAUEN. DAS IST NICHT DES MENSCHEN.'
RUMI

♥

In diesem Kapitel wirst du lernen, wie du negative Gefühle, die aus vergangenen Beziehungen herrühren, heilen kannst. Negative Gefühle stehen der Liebe im Wege, denn Schwingungen aus Ärger, Schuld oder Trauer werden auf zellulärer Ebene in deinem Körper gespeichert. Negative Emotionen verbleiben als Blockaden im Unbewussten und sorgen dafür, dass du immer wieder auf die alten Muster und Personen zurückgreifst, bis du sie geheilt und ausgeräumt hast.

Es gibt verschiedene Möglichkeiten, wie du deine Vergangenheit heilen kannst, etwa durch spirituelle Rituale, Neurolinguistisches Programmieren (NLP), Trance, Body Work oder Magie. Dies alles hat nur einen Zweck: dich davon abzuhalten, deine Energie durch negative Gedanken mit einem „Mangel" zu füllen (siehe Seite 18), und stattdessen einen Ort des Positiven, des Lachens, der Freude, des Glücks und natürlich der Liebe zu schaffen.

In diesem Kapitel erfährst du:

♥ Was dich dein Liebesresümee lehren kann.

♥ Wie du die Rollen, die du in deinem Leben spielst, erkennst – und wie du diejenigen, die wenig hilfreich sind, ablegst.

♥ Wie man Verletzungen heilt durch die 'die hawaiianische Methode des Vergebens' (eine Methode, die dir hilft, dich selbst zu heilen).

BEISPIEL: CHRISTINA NOBLE

Eine Frau, deren Geschichte ich sehr bewundere, ist Christina Noble. Christina wurde in Irland als Kind einer armen Familie geboren. Ihr Vater war Alkoholiker. Im Alter von zehn Jahren stand Christina allein in Dublin auf der Straße und musste sich um ihre Brüder und Schwestern kümmern, bevor sie in ein Kinderheim kam. Dort lebte sie bis zum Alter von 16 Jahren, bevor sie wieder gezwungen wurde, für sich selbst zu sorgen.

In ihrer wunderbaren Autobiografie „Niemandskind" schreibt Christina über diese furchtbare Kindheit. Viele junge Menschen, die in Armut und unter harten Bedingungen, ohne familiäre Unterstützung aufwachsen, verfallen dem Alkohol oder anderen Drogen und wiederholen die Familienmuster über Generationen. Aber Christina war anders. Sie hatte einen Traum, der so weit weg von ihren alltäglichen Problemen in Irland war, wie man sich nur vorstellen kann. Sie träumte davon, den Kindern in Vietnam zu helfen, die dort im Krieg gelitten hatten. Und Christina tat etwas für ihren Traum: 1989 reiste sie nach Vietnam und begann, vietnamesischen Straßenkindern zu helfen.

Im Laufe der Zeit gründete sie die „Christina Noble Children's Foundation", die in den letzten Jahrzehnten sehr gewachsen ist und nun Kindern in Vietnam und in der Mongolei hilft. Ihre Stiftung hat Schulen, Kliniken und Zufluchtsorte errichtet, aber auch Fußballmannschaften gegründet und Musikunterricht angeboten. Ich habe ihr Zentrum in Ho-Chi-Minh (Saigon) in den frühen 1990er Jahren besucht und einige der Kinder kennen gelernt, die von Christina betreut und geliebt werden.

Christina ist ein erstaunlicher Mensch, der uns zeigt, dass es möglich ist, die Vergangenheit zu heilen und nicht nur das eigene Leben, sondern auch das Leben anderer zu verändern. Sie hat Tausenden Liebe gegeben und wird selbst geliebt.

Selbst wenn du das Gefühl hast, dass dich deine Vergangenheit kontrolliert – das muss nicht sein. Mit dem, was du in diesem Kapitel liest, kannst du die Richtung, in die sich deine Zukunft entwickelt, selbst bestimmen.

Angst vor Veränderung

Manche Menschen haben nur vor einer Sache Angst: Veränderungen. Auch wenn ihr Leben nicht ganz so ist, wie sie es sich wünschen, und sie sich nicht wohl damit fühlen, ist es doch noch nicht schlimm genug. Sie haben zum Beispiel Angst, dass auch die nächste Beziehung wieder unglücklich enden könnte, also versuchen sie erst gar nicht, der Liebe eine Chance zu geben, um nicht wieder verletzt zu werden.

Dazu gibt es eine passende Geschichte von einem Mann, der vor vielen Dingen Angst hatte. Er hatte Angst, dass die Erde zusammenbrechen und ihn verschlucken würde. Er hatte Angst, dass der Himmel eines Tages auf ihn herabstürzen würde. Je öfter er über all diese Dinge, die ihm widerfahren könnten, nachdachte, desto größer wurden seine Sorgen. Es kam sogar so weit, dass er Angst hatte einzuschlafen, weil währenddessen etwas Schreckliches passieren könnte. Eines Tages nahm ihn ein Freund beiseite und erklärte ihm, dass er voller Ängste weiterleben könne, wenn er das wolle, aber die Befürchtungen in Wirklichkeit sinnlos wären. Er sagte, dass die Erde bloß Staub und der Himmel bloß Luft sei. Luft ist leicht und kann ihn nicht verletzen. Die Erde ist noch nie zerbrochen. Warum sollte das jetzt geschehen?

Es ist leicht, sich allerlei schlimme Dinge, die passieren könnten, vorzustellen, aber warum? Warum vergisst man diese Eventualitäten nicht einfach, ändert seine Wahrnehmung und arbeitet stattdessen lieber daran, was man in seinem Leben Lustiges, Aufregendes, Fröhliches und Liebenswertes erreichen will?

Man hat immer die Wahl – egal, um was es geht –, sich nicht von Angst, Schuld, Scham oder negativen Gefühlen, die man übernommen hat, leiten zu lassen. Du wurdest als liebendes Wesen geschaffen, gemacht, um Liebe zu erfahren. Babys gehen einfach davon aus, dass sie geliebt und umsorgt werden und es gibt keinen Grund für dich, warum das als Erwachsener anders sein sollte. Du hast einst die Liebe ganz natürlich angezogen und so wird es wieder sein. Du kannst die Angst überwinden, indem du deine Vergangenheit betrachtest, damit sie heil wird.

Dein Liebesresümee

Ein Liebesresümee ist ein guter Anfang. Damit lockst du alle deine Gedanken über Liebesbeziehungen hervor. So hast du die Summe deiner Erfahrungen und gleichzeitig siehst du, was du gut kannst und was du schon alles erreicht hast.

Wahrscheinlich hast du schon einmal einen Lebenslauf geschrieben – etwas, für das man sich nur dann Zeit nimmt, wenn man einen neuen Job sucht. Du setzt dich hin und überlegst, welche Fähigkeiten du besitzt, die dein zukünftiger Arbeitgeber brauchen könnte. Nun, ein Liebesresümee unterscheidet sich nicht allzusehr davon. Es ist eine Möglichkeit, über all die gemachten Erfahrungen und all das gesammelte Wissen nachzudenken, so dass du zukünftig bessere Erfahrungen machen kannst. Genauso, wie du über deine Karriere nachdenkst, gibt dir das Liebesresümee die Gelegenheit, dir über all das Gedanken zu machen, was du in deinem Leben behalten willst und was du ablegen möchtest.

Wie sieht dein Resümee aus? Ein wenig unbeständig? Voller schöner Erfahrungen und netter Menschen, die du in der Vergangenheit kennengelernt hast? Oder umfasst es einige Erfahrungen, die du in der Zukunft lieber nicht noch einmal machen möchtest?

Anders als bei deinem Lebenslauf wirst du dein Liebesresümee niemandem zeigen, aber es hilft dir dabei, deine zukünftigen Beziehungen zu verändern. Hauptsache, du schreibst alles auf. Ein Liebesresümee zeigt dir sehr objektiv, was in der Vergangenheit funktioniert hat und was nicht.

Schreibe ein Liebesresümee

♥ Notiere auf einem Blatt Papier alle Beziehungen, die du bisher hattest. Schreibe Einzelheiten, Dauer und Daten auf.

♥ Nimm dir Zeit und sieh dir genau an, was du geschrieben hast. Achte darauf, welche Art von Situationen und Menschen du in der Vergangenheit angezogen hast. Vielleicht gibt es einige Themen, die sich durch dein Liebesresümee hindurch ziehen? Wenn ja, dann notiere dir, was das sein könnte.

♥ Schreibe alle Glaubenssätze auf, die du gerne ablegen würdest. Dazu kannst du noch einmal in Kapitel 1 auf Seite 20 - 31 nachlesen, wie man Glaubenssätze ändern kann.

♥ Als Nächstes denkst du über dich im Verhältnis zu diesen Beziehungen nach. Welche Glaubenssätze und Gedanken in dir haben dir solche Beziehungen eingebracht? Denk daran, dass das Gesetz der Anziehung auf dem „Gleich und gleich gesellt sich gern"-Prinzip beruht!

♥ Nun richtest du deinen Blick auf die Erfahrungen, die du gemacht hast. So, als würdest du über deine berufliche Karriere nachdenken. Sei dabei objektiv. Es wird einige Dinge geben, die du auch in Zukunft gerne wieder erleben würdest. Was soll so bleiben? Welche Charaktereigenschaften deines Ex waren gut? Was hat in eurer gemeinsamen Zeit funktioniert?

♥ Mache eine extra Liste der Punkte, die du gerne in zukünftigen Beziehungen bewahren oder sogar intensivieren würdest.

BEISPIEL: DAVE

Ein Klient, Dave, hatte eine schwere Scheidung hinter sich, mit der er fünf Jahre zu kämpfen hatte. Nun wollte er sichergehen, dass er in einer neuen Beziehung nicht die alten Fehler wieder machen würde.

In Daves Liebesresümee zeigten sich zwei wichtige Themen. Er zog sehr bodenständige Frauen an, die schnell mit ihm zusammenleben wollten, woraufhin er jeweils die Beziehung innerhalb weniger Wochen beendete. Oder aber er interessierte sich für Frauen, die aufregend und wunderschön waren, aber immer gerade in einer komplizierten Situation mit einem anderen Mann steckten. Ihm war dieses Verhaltensmuster nicht aufgefallen, bis er es deutlich auf dem Papier vor sich erkennen konnte. Was war also der universale Spiegel (Seite 30) in seinem Resümee?

Dave erkannte nach einiger Zeit, dass keine der Frauen in seinem Leben sich selbst geliebt hatte. Entweder wollten sie eine Beziehung und suchten Unterstützung, weil sie sich mit sich selbst nicht gut fühlten, oder sie waren unerreichbar, weil sie niemanden nah genug an sich ran ließen. Dave sah, dass er sich in seiner Ehe genauso verhalten hatte. Er und seine Frau hatten jahrelang Katz' und Maus miteinander gespielt, als er aber an einem Tiefpunkt angelangt war, an dem er wirkliche Liebe gebraucht hätte, hielt die Ehe dem nicht stand. Nachdem Dave sein Liebesresümee geschrieben hatte, wurde ihm klar, dass er eine völlig andere und wirklich liebevolle Art von Beziehung brauchte.

Denke in positiven Sätzen

Nachdem du dein Liebesresümee geschrieben hast, ist es jetzt wichtig, dass du dich darauf fokussierst, was gut funktioniert hat – und nicht auf das, was schlecht gelaufen ist. Denn so kannst du mehr von dem manifestieren, was du dir wünschst. Das Gesetz der Anziehung versteht keine Verneinungen. Wenn du denkst: „Ich will keine Ablehnung", dann hört es nur das Wort „Ablehnung" und bringt dir davon nur noch mehr. Anstatt zu denken: „Ich will keinen Mann/keine Frau mehr, der/die vergisst, mir Geschenke zu machen", drehst du den Satz um und sagst: „Ich finde es toll, dass er/sie an meinen Geburtstag gedacht hat. Jetzt hätte ich gern noch mehr Spaß, gemeinsame Hobbys, romantische Abende, gepflegte Unterhaltungen, Lachen und Geschenke" – so wirst du viel mehr Fülle in dein Leben bringen.

Erkenne die Rollen, die du spielst

Wahre Liebe kennt keine Bedingungen. Bedingungslose Liebe ist überschwänglich. Sie lässt dir in deinem Leben die freie Wahl. Wenn du in einer wirklich liebevollen Beziehung lebst, wirst du dich selbst mehr spüren, nicht weniger. Wir halten an negativen Gefühlen fest, weil wir Rollen spielen, anstatt die Liebe frei fließen zu lassen. Schau dir noch einmal dein Liebesresümee an. Wie viele der folgenden Rollen hast du in der Vergangenheit gespielt?

ROLLE EINS: DER RICHTER

Dein innerer Richter ist der Teil in dir, der dir Sätze zuflüstert. Du erkennst ihn daran, dass er dir sagt, du wärest nicht gut genug, ein schlechter Mensch und nichts wert. Er verurteilt dich zu einem Leben ohne bedingungslose Liebe.

Ein Richter vergibt nicht, nicht sich selbst und nicht den anderen. Wenn du mit dir selbst sehr streng bist, dann wirst du auch zu anderen sehr harsch sein, um so die Aufmerksamkeit von dir abzulenken.

„Wie man in den Wald hineinruft, so schallt es zurück." Wenn man die anderen verurteilt, dann wird man auch selbst verurteilt. Wenn du die anderen liebst, dann wirst auch du geliebt. Wenn du das Verhalten anderer Menschen verurteilst, zeigt das nur, dass du dich innerlich als Opfer fühlst.

ROLLE ZWEI: DAS OPFER

Das Opfer ist der Teil in dir, der denkt, die Umstände und andere Menschen wären dafür verantwortlich, was in deinem Leben geschieht. Ein Opfer fühlt sich hilflos und machtlos. Ein Opfer hat nicht das Gefühl, sein Leben frei wählen zu können.

Ein Opfer der Liebe zieht Beziehungen an, in denen es vom Anderen fallen gelassen oder schlecht behandelt wird. Es hat das Gefühl, nicht die Kraft zu haben, sich selbst so zu zeigen, wie es wirklich ist, weil es Angst vor Mobbing, Missbrauch und Gewalt hat.

Ich bin mir sicher, dass du in deinem Leben eine Menge Opfer getroffen hast. Vielleicht warst du bei einer Gelegenheit selbst mal ein Opfer. Ich weiß, es ist schwer zuzugeben, aber vielen reicht nach oder auch während einer Beziehung Zuneigung aus. Aber wenn wir uns mit Sympathie begnügen, bekommen wir keine Liebe! Denn das ist ein Glaubenssatz des Mangels, nicht der Liebe.

Wenn du ein Opfer bist, dann mangelt es dir nicht nur an Liebe, sondern auch an Hoffnung. Das Opfer in dir, fühlt sich nicht wert, die Liebe zu bekommen, die es sich wünscht. Es erwartet nicht, dass sich die Dinge ändern. Das Gesetz der Anziehung funktioniert über Erwartungen, und wenn ein Teil von dir diese Erwartungen hat, dann wirst du auch keine Liebe anziehen.

Falls du dir nicht sicher bist, ob du in der Vergangenheit die Rolle des Opfers angenommen hast, dann beantworte einfach die folgenden Fragen:

Wirfst du dir selbst vor, bisher noch nicht die Liebe in deinem Leben erfahren zu haben, die du dir wünschst?

Fühlst du dich schuldig, weil du in irgendeiner Weise nicht gut genug bist?

Schämst du dich für irgendwas und fühlst dich deshalb der Liebe nicht würdig?

Wenn du eine dieser Fragen mit Ja beantwortest, dann spielst du in deinem Leben die Rolle eines Opfers. Die Glaubenssätze, die dich haben Ja sagen lassen, sind alle unwahr!

BEISPIEL: EVIE

Evie hat immer und immer wieder gezeigt, welchen Einfluss die Opferrolle auf das Leben haben kann. In den letzten zehn Jahren hatte sie einige Beziehungen, die ein Jahr dauerten, aber niemals länger.

Am Ende einer jeden Beziehung kam sie wieder zu mir und erzählte mir, was für schreckliche Dinge ihr Freund ihr angetan hatte. Die Beziehungen hatten niemals nur „einfach nicht funktioniert". Nein, es gab einen Freund, der ihr ganzes Geld ausgegeben hatte. Es gab einen Freund, der sie betrogen hatte. Dann einen, der ihr im Streit eine Ohrfeige gab. Egal, wen sie traf, das Muster war immer das gleiche. Sie war das Opfer – die anderen behandelten sie schlecht.

Schließlich lernte sie einen Mann kennen, den alle ihre Freunde mochten, aber Evie meinte, er wäre der egoistischste Mensch, den sie je getroffen hätte. Die Beziehung endete und Evie stand wieder allein da. Wen machte sie dafür verantwortlich? Ihn natürlich. Sie meinte, sie wäre das Opfer, und immer wieder zog sie dieselben Beziehungsmuster an, weil sie ihre Glaubenssätze über sich selbst nicht änderte.

Lass Richter und Opfer gehen

Es ist an der Zeit, ein für alle Mal mit der Selbstverurteilung aufzuhören. Sich selbst zu verurteilen, Schuldgefühle und Selbstvorwürfe – all das zerstört den Liebesmagneten in dir, weil deine Selbstakzeptanz dadurch zerstört wird.

Je weniger du dich selbst quälst, desto mehr akzeptierst du dich und umso mehr Liebe wirst du fühlen. Und je mehr Liebe du fühlst, umso liebenswerter wirst du sein.

Verdienst du die Liebe? Die einzig richtige Antwort lautet Ja! Wir alle verdienen Liebe. Wir alle sind es wert, geliebt zu werden. Wir alle sind gut genug. Wir alle sind dazu geboren, bedingungslose Liebe zu erfahren. Wenn du meinst, irgendetwas in dir verdiene keine Liebe, dann ist das eine Lüge, die du gelernt hast. Heile die Verletzungen, die du noch in dir trägst, und du kannst dein Leben leben – und die Liebe wird sich ausbreiten.

Heile den Schmerz – spüre deine Gefühle und lass sie ziehen

Halte einen Moment inne. Spüre, ob du negative Gefühle in dir trägst und wo du diese in deinem Körper fühlst. Das habe ich vom tibetischen Buddhismus gelernt – dies wird aber auch in nichtspirituellen Praktiken, wie dem Neurolinguistischen Programmieren, angewandt. Ein Gefühl äußert sich vielleicht als Verspannung, Temperaturwechsel oder als Bewegung im Bauch, in der Brust oder einem anderen Teil des Körpers.

Denke über die Angst nach. Denke an Vorwurf und Schuld. Wo trägst du diese Gefühle in dir? Gefühle haben eine Beschaffenheit, sie besitzen eine Energie, die sich heiß oder kalt anfühlen kann. Du spürst ein Gefühl, weil es Energie in deinen Körperzellen ist. Jedes Mal, wenn du den Schmerz benennst, damit er verschwindet, bleibt er erst recht – gut verstaut in deinem Körper.

Das nächste Mal, wenn du wieder Richter oder Opfer bist und all die negativen Gefühle, die damit zusammenhängen, spürst, machst du dir bewusst, wie du diese Gefühle in deinem Körper umher trägst, und was sie mit dir machen:

♥ Anstatt dich selbst zu quälen, sage: „Hier hat keiner Schuld". Lass es gut sein.

♥ Anstatt dich schuldig und nicht perfekt zu fühlen, sage: „Nun, niemand ist perfekt, also was soll's? Ich bin gut, wie ich bin."

♥ Anstatt Freunde zu beschuldigen, die sich nicht so verhalten haben, wie du es erwartet hast, sage: „Sie haben das Beste getan, was sie konnten. Und ich auch."

♥ Anstatt zu sagen: „Es muss was mit mir nicht stimmen, sonst wären die Dinge besser gelaufen", sage einfach: „Was soll's" oder „Es gibt immer ein nächstes Mal".

♥ Anstatt zu sagen: „Er/Sie ist ein schlechter Mensch", sage: „Das habe ich an ihnen geliebt. Das habe ich daraus gelernt und das möchte ich das nächste Mal haben."

♥ Anstatt dich als Richter selbst zu bestrafen und so die Rolle des Opfers zu spielen, vergib dir selbst. Sei freundlich. Wir sind so damit beschäftigt, uns selbst zu quälen, dass wir oft vergessen, freundlich zu sein. Entspann dich. Lass los.

VERGEBUNG

Frage das Universum, was du aus den Erfahrungen deiner Vergangenheit lernen sollst. Wenn du Schmerz, Verlust oder Verletzung spürst, dann frage, wie du diese Gefühle loslassen kannst.

Vergib deinen Exfreunden.

Vergib deinen Exfreundinnen.

Vergib den Freunden, die dich verletzt haben.

Vergib deinen Eltern.

Vergib dir selbst.

Evie, aus dem Beispiel von Seite 48, weigerte sich, ihren Exfreunden zu verzeihen, denn das hätte für sie bedeutet, dass diese einfach so „davongekommen" wären. Davonzukommen, ohne sie gut behandelt zu haben – das wäre nicht fair. Aber die Einzige, die darunter litt, war Evie. Auch wenn es unfair erscheint, zu vergeben, hilfst du jedes Mal, wenn du jemandem vergibst, dir selbst. Auf einem energetischen Level sind wir alle miteinander verbunden. Das Bild einer anderen Person, das du mit den damit verbundenen negativen Gefühlen in dir trägst, ist ein Teil von dir. Wenn du dieser Person vergibst, dann wirst du die damit zusammenhängende negative Energie los.

Vergebung ist der einfachste Weg zur Liebe. Jedes Mal, wenn du dir selbst vergibst, beglückst du die Zellen in deinem Körper, die mit Schmerz gefüllt waren. Du erlaubst dem Schmerz deinen Körper zu verlassen. Du dankst ihm für das, was er dir gebracht hat, und lässt ihn gehen.

Jedes Mal, wenn du eine schlechte Erfahrung loslassen kannst und weitergehst, entrümpelst du dich von Schmerz und Verletzungen und schaffst Platz für Liebe.

Hawaiianische Praktiken für Liebe und Vergebung

Bevor dir andere ihre Liebe zeigen können, musst du erkennen, dass dein eigenes Selbst ein versteckter Schatz ist. Das folgende Ritual hilft dir dabei. Vor 15 Jahren bin ich das erste Mal auf Hawaii gewesen, um den hawaiianischen Schamanismus zu studieren, eine spirituelle Tradition, die wohl 35.000 Jahre alt ist. Einige sind davon überzeugt, dass die hawaiianischen Inseln den sieben Chakren unseres Planeten entsprechen (Seite 69) und die Hauptenergiepunkte der Erde sind. Auf Hawaii werden Schamananen *kahunas* genannt – eine Bezeichnung, die ursprünglich wahrscheinlich Meister oder Arzt und später dann Priester oder Magier bedeutete. Im Laufe der Zeit waren *kahunas* Hellseher, Heiler und sogar Schamanen, die angeblich das Wetter beeinflussen konnten.

„Huna" ist auf Hawaii das Wort für die alten Lehren, auch „das Geheimnis" genannt. Auch heute noch ist ein großer Teil der Huna-Weisheit geheim, denn verschiedene Huna-Traditionen wurden nur innerhalb der Inseln und der Abstammungslinien weitergegeben. Erst seit relativ kurzer Zeit kann man Huna auch außerhalb der Inseln studieren und es hat sich innerhalb der Tradition weiter geöffnet.

DAS HAWAIIANISCHE VERGEBUNGSRITUAL

Huna lehrt, dass Vergebung mit das Wichtigste ist, was ein Mensch tun kann. Das ist nicht neu: Vergebung ist ein Schlüsselelement in jeder großen spirituellen Tradition, aber in der Huna-Tradition ist Vergebung ein Teil des sogenannten Huna-Gebets, einer Methode des Manifestierens. Anderen zu vergeben, möglichst tagtäglich, ist eine Möglichkeit, sich selbst zu vergeben und zu heilen.

Huna kann auch übersetzt werden als die perfekte Balance zwischen männlich und weiblich, yin und yang. Hu steht für männlich und na für weiblich. Jede Huna-Praxis bringt die beiden Pole zusammen und uns selbst ins Gleichgewicht. Die Praxis des Vergebens heißt ho' o' pono pono, was so viel bedeutet wie „die Dinge richtig stellen/ins Gleichgewicht bringen" (pono). Sie heilt dich energetisch und bringt dich in Balance. Ein ausgeglichener Mensch ist voller Selbstliebe und bereit, Liebe von jedem zuzulassen – auch die romantische Liebe.

LIEBE UND HARMONIE

Die alten Hawaiianer wussten, dass wir zunächst glücklich und innerlich heil sein müssen, wenn wir die Liebe anziehen wollen. Wir können nicht Teil einer liebevollen Partnerschaft sein, wenn wir uns selbst nicht lieben.

Liebe und Harmonie sind in der Huna-Tradition nicht voneinander zu trennen. Liebe heißt auf Hawaiianisch *aloha*. *Ha* ist der Lebensatem, *alo* heißt zusammen sein, und *oha* Glück. Zusammen ergeben diese Silben ein herzliches Willkommen, denn früher hießen die Hawaiianer einander mit Liebe willkommen. Wenn du also *aloha* zu jemandem sagst, heißt das, dass du Glück und Freude mit ihm teilen willst. Du weißt, dass spirituell gesehen alles, was du tust, auch jemand anderes betrifft. Deine Energie zieht direkt andere Energien mit der gleichen Schwingung an. Wenn du innerlich glücklich bist, dann wirst du wie ein Magnet andere glückliche Menschen anziehen. Du musst die Liebe nicht suchen, sie wird ganz natürlich durch deine Energie von dir angezogen werden.

ENERGETISCHE LEITUNGEN

Jedes Mal, wenn du mit jemandem in Verbindung trittst, schaffst du eine energetische Leitung von deinem Körper zu dessen Körper. Mit Verbindung ist dabei jeglicher Kontakt gemeint, auch ein einfacher Gedanke oder eine andere emotionale Verbindung. Du besitzt Energie-Leitungen von und zu Menschen, mit denen du verwandt bist, einschließlich deiner Ahnen, Freunde, Kollegen, (Ex-) Liebhaber und Partner. Manchmal ist es sinnvoll, diese Leitungen zu kappen und neue zu ziehen. Sind die Leitungen erst einmal durchschnitten, wirst du merken, dass sich die Beziehung für beide Seiten anders anfühlt – aber immer in einem positiven Sinne, wenn man liebevoll dabei vorgegangen ist.

Vollzieh das hawaiianische Vergebungsritual

Das *ho' o' pono pono* (die Dinge richtig stellen) ist ganz leicht, du kannst es täglich praktizieren.

♥ Setz dich einfach irgendwo hin, wo du ungestört bist, und leere deinen Geist.

♥ Stell dir vor, vor dir wäre eine kleine Bühne. Auf diese Bühne kannst du jeden rufen, mit dem du noch etwas zu klären hast, zum Beispiel Ex-Liebhaber oder Familienmitglieder. Jeder, mit dem du Ärger, Wut oder andere negative Gefühle verbindest, mindert deine innere Liebe und dein inneres Glück.

♥ Fülle vor deinem inneren Auge die Bühne mit Liebe. Am leichtesten gelingt dir das, wenn du sie mit dem weißen Licht der Liebe umgibst. Die Energie des Universums schwingt mit unendlicher Liebe und Heilung. „Unendlich" bedeutet, dass die Liebe niemals knapp wird. Sie reicht aus, alles zu heilen.

♥ Stelle dir vor, wie der obere Teil deines Schädels (das Kronenchakra, siehe Seite 69) sich öffnet, um dieses liebevolle und heilende Licht durch deinen ganzen Körper strömen zu lassen. Es ist so viel, dass es durch dein Herz hindurch zu den Menschen auf der Bühne fließt und auch sie mit Liebe und Heilung erfüllt.

♥ Nun sagst du ihnen, was du sagen musst. Höre, was sie dir sagen müssen. Vergib ihnen in Gedanken und danke ihnen für das, was sie dir gegeben haben. Höre ihnen zu. Sie vergeben dir deine unbewussten Projektionen und das Unrecht, das du ihnen getan hast.

♥ Wenn dir das schwerfällt, dann erinnere dich daran, dass die Menschen, die du in deinem Geiste siehst, ein Teil von dir sind. Diese Bilder sind in deinem Unbewussten und an irgendeinem negativen Gefühl festzuhalten verletzt dich nur. Anderen zu vergeben und diese Gefühle loszulassen ist ein Prozess, dir selbst deine Erfahrungen, die du machen musstest, zu verzeihen. Lass los und die schwarzen Flecken in deinem Unbewussten lösen sich auf und machen Raum für Licht, Glück und Liebe.

♥ Wenn du den Prozess des Vergebens zum Abschluss gebracht hast, dann bedanke dich bei den Personen auf deiner Bühne. Stelle dir ein Schwert weißen Lichts vor, das die energetischen Leitungen, die euch aneinandergebunden haben, durchtrennt. Die Leitungen kehren zu dem zurück, dem sie gehören, und sie bringen dir all die Energie wieder, die das Negative aufgesogen hatte. Sie verwandelt sich wieder in Liebe und Licht. Dann sind die Menschen frei, zu gehen.

♥ Wenn du dir Menschen auf der Bühne vorgestellt hast, die immer noch eine Rolle in deinem Leben spielen, dann heißt das nicht, dass du mit ihnen nun keinen Kontakt mehr haben sollst. Jedes Mal, wenn du wieder an sie denkst, stellst du eine Verbindung her. Doch weil du die negative Energie losgelassen hast, wird die neue Verbindung leichter, liebevoller und ausgeglichener sein als bisher.

♥ Du kannst dieses Ritual so oft wiederholen, wie du möchtest. Du wirst merken, dass es jedes Mal leichter ist. Es befreit dich von jeglichen Blockaden, die dich daran hindern, das Leben zu manifestieren, das du dir wünschst.

„SEI GEDULDIG MIT ALL DEN FRAGEN IN DEINEM HERZEN
UND VERSUCHE, DIE FRAGEN AN SICH ZU SCHÄTZEN."
RAINER MARIA RILKE

DAS WESENTLICHE

Du brauchst in deinen Beziehungen nicht länger Rollen spielen. Eine Rolle zu spielen, sei es als Richter oder als Opfer, bringt dir nicht die Partnerschaft, die du dir wünschst und die du wirklich verdienst. Vor allem ziehst du so keine Liebe an. Das Rollenspielen bringt dir vielleicht kurzfristige Zuneigung, aber es wird auch Menschen von dir wegstoßen.

Du ziehst Liebe an, indem du ganz du selbst bist – das vielleicht verletzliche, aber ganz sicher liebenswerte Du.

Du musst dich von Ereignissen aus deiner Vergangenheit nicht unterkriegen lassen. Stattdessen hast du die Möglichkeit, alle negativen Gefühle deiner Vergangenheit hinter dir zu lassen. Das mögen vergangene Beziehungen, Freundschaften, durch die du dich verletzt gefühlt hast, oder sonstige schlechte Erlebnisse sein. Indem du vergibst, was dir in der Vergangenheit geschehen ist, und darüber entscheidest, wie du damit umgehst, wirst du anders fühlen. Du wirst eine andere Form der Energie und einen Raum um dich herum schaffen, in den die Liebe aufs Neue fließen kann.

Was du in diesem Kapitel gelernt hast, kann dir helfen, deine Verletzungen zu heilen. So wirst du deine negativen Verhaltensmuster ablegen und einen neuen und energetisch neutralen Ausgangspunkt finden, von dem aus du eine andere und liebevolle Zukunft manifestieren kannst.

MEINE NOTIZEN

KAPITEL 3

Verliebe dich in dich selbst

'DU, DU SELBST, VERDIENST EBENSO
WIE JEDER ANDERE IM UNENDLICHEN UNIVERSUM
DEINE LIEBE UND ZUNEIGUNG.'

BUDDHA

♥

Wenn du deinen Alltag in ganz praktischen Dingen änderst, dann wirst du dich selbst anders fühlen. Die Dinge, die du sagst, ändern sich und deine Körpersprache ändert sich. Dein Gegenüber wird anders auf dich reagieren und die Erfahrungen, die du in deinem Leben anziehst, werden andere sein, wenn du dich im Inneren änderst. Zu lernen, dich selbst zu lieben, ist ein wichtiger Schritt, um die Liebe anderer anzuziehen.

In diesem Kapitel liest du:

♥ Der wichtigste Glaubenssatz über die Liebe.

♥ Wie man im Inneren tanzt: Liebe deinen Körper, deinen Geist und dein inneres Du.

♥ Wie man das Herzchakra öffnet und der Welt Liebe schenkt.

♥ Über Herz-zu-Herz-Leitungen und den Unterschied zwischen Sex und Liebe.

Liebe zuerst dich selbst

Ich treffe häufig Menschen, die ganz erstaunt darüber sind, dass sie noch keine liebevollen Freunde oder einen liebevollen Partner in ihrem Leben gefunden haben. „Ich bin doch so eine nette Person", sagen sie dann. „Schau dir die da drüben an. Die sind bei Weitem nicht so nett wie ich. Ich stehe anderen bei, tue Gutes, bin hilfsbereit. Warum gibt es niemand Spezielles in meinem Leben, der mich liebt?" Wenn du andere Menschen an erste Stelle setzt, ohne gleichzeitig dich selbst zu lieben, wirst du keine dauerhafte Liebe anziehen können. Das Gesetzt der Anziehung basiert auf der Gleich-zu-gleich-Annahme, also werden die Leute, die in dein Leben treten, die gleichen Probleme mit der Liebe haben wie du.

Wenn du dich selbst nicht liebst, dann kannst du auch nicht wirkliche einen anderen lieben. Stattdessen fühlst du nur eine Anziehung oder ein Bedürfnis, mit dieser Person zusammen zu sein, um zu wissen, was sie macht und sie zu kontrollieren, sodass sie dich nicht verlassen kann.

Der wichtigste Glaubens-satz der Liebe

Diejenigen, deren Leben von Liebe erfüllt ist, haben einen Glaubenssatz: „Ich bin perfekt, so wie ich bin."

Die Wahrheit ist, dass wir alle perfekt geboren werden. Du musst dich nur selbst ansehen und diese Tatsache annehmen. Wir alle sind geboren, um geliebt zu werden. Du musst nur die Liebe in dir selbst erkennen, sonst nichts, um andere Menschen anzuziehen.

Die Liebe kann man nicht erzwingen oder herbeisehnen. Die Liebe ist schon da – in dir. Sie zeigt sich, wenn du mit dir selbst gut umgehst. Alle Manifestationen in der materiellen Welt beginnen damit, dass du an deinem inneren Selbst arbeitest. Du wirst eine äußere Verwandlung nur erreichen können, wenn du zunächst eine innere Wandlung vollzogen hast.

Wie sehr liebst du dich selbst? Wenn du dich nicht selbst liebst, wie kannst du dann von anderen erwarten, dass sie sich in dich verlieben?

In diesem Kapitel werde ich dir zeigen, wie du dich auf eine Reise der Selbsterkenntnis begibst, um dich in dich selbst zu verlieben, sodass du dein Herz für die Liebe der anderen öffnen kannst. Es ist wirklich so einfach: Liebe dich selbst und du wirst Liebe anziehen.

Die Veränderung geschieht, wenn du dich liebst – sowohl innerlich als äußerlich. Mal sehen, welche Schritte du dorthin gehen kannst.

WERDE BEZAUBERND

Hast du jemals Folgendes bemerkt, wenn du verliebt bist?

♥ Du bemerkst wunderbare Einzelheiten beim anderen oder um dich herum.

♥ Die Zeit scheint in einem anderen Tempo zu vergehen.

♥ Deine Sinne werden schärfer: Die Welt fühlt sich reicher an, lebhafter, vielleicht auch aufregender.

Wenn deine Antwort Ja lautet, dann bist du in einer Liebestrance. Wir blenden alles Negative um uns herum aus und sehen nur die schönen Dinge. Ein wundervolles Gefühl – als wäre man in einer eigenen herrlichen Seifenblase.

Wenn wir uns verlieben, dann sind wir vom anderen wie verzaubert. Wir finden alles an ihm entzückend, geradezu hypnotisierend. Der Begriff „Mesmerisierung" geht zurück auf den Mediziner Franz Mesmer, der im frühen 19. Jahrhundert die Lehre des Mesmerismus begründete, eine Vorstufe der Hypnose. Er konnte Menschen bloß durch seine Worte und Handlungen in Trance versetzen. In Trance bist du in einem anderen Zustand, in dem du an dir und anderen Dinge bemerkst, die du im normalen Zustand nicht bemerken würdest. Wenn du schon mal Menschen in einer Hypnose-Show gesehen hast, dann wird dir aufgefallen sein, dass man sie dazu bringen kann, sich ganz anders als sonst zu verhalten. Ich meine damit nicht, dass du glauben sollst, du wärst ein Huhn, oder dass du einen Kopfstand an der Wand machst. Du kannst etwas viel Besseres tun – du kannst dich von dir verzaubern lassen.

Falls du jemals eine Form der Meditation oder Selbsthypnose ausprobiert hast, vielleicht auch in Trance gefallen bist durch schamanistisches Trommeln oder Atemtechniken wie Rebirthing, dann wirst du wissen, was ich mit verzaubert meine. Du fühlst dich leicht, wunderbar und schön. Wenn du dich in Trance begibst, dann kannst du Liebesschwingungen hervorrufen, die dich nicht nur all die schönen Dinge an dir selbst sehen lassen, sondern auch die Liebe der anderen.

Ich möchte, dass du dich völlig in dich selbst verliebst. Sei offen dafür, dass dies ganz schnell geschehen kann, von jetzt auf gleich – denn so ist die Liebe. Du wirst wissen, wann es passiert ist, dann wirst du im Inneren tanzen. Du wirst dich über dich selbst freuen – ein Gefühl, dass sich eigenartig bekannt anfühlt, denn es ist nicht neu, sondern erinnert dich daran, wie du dich eigentlich von Geburt an selbst sehen solltest.

LIEBE DAS INNERE DU HINTER DER MASKE

In einem buddhistischen Märchen macht sich ein Man auf, das Glück zu finden. Egal, wo er hinschaut, er findet es nicht, denn es ist an einer Stelle verborgen, an der zu suchen wir immer vergessen: tief in uns selbst.

Wir alle tragen Masken. Eine Maske ist die Identität, die wir der Welt und uns zeigen. Manchmal wissen wir, dass wir eine Maske aufsetzen, manchmal nicht. Manchmal vergessen wir, dass wir die Maske tragen und denken, wir wären eben diese Person.

Viele von uns tragen Masken wenn sie sich auf eine neue Partnerschaft einlassen. Wenn wir bisher nicht viel Glück in Beziehungen hatten, meinen wir jemand anders sein zu müssen, um jemanden wirklich für uns gewinnen zu können.

Bist du jemals zu einer Party gegangen und hast eine Fassade aufgesetzt? Hast du bei einer Verabredung jemals so getan, als würde dich etwas interessieren, obwohl es gar nicht so war? Oder vorgegeben, anders zu sein?

Der Fehler dabei ist: Du kannst das Spiel nicht lange durchhalten. Wenn du die Maske fallen lässt, erkennt dein Gegenüber, dass du anders bist – und das ist oft ein Schock. Geht die Sache dann schief, denkst du, es lag daran, dass du dein wahres Ich gezeigt hast. Aber der eigentliche Grund ist, dass du dich nicht früh genug als du selbst gezeigt hast.

Wenn du dich im Inneren wirklich selbst liebst, dann musst du keine große Maske mehr tragen. Sei, wer du bist. Es ist egal, ob du ein bisschen verrückt, ungewöhnlich oder dumm bist. Es ist wirklich nicht wichtig, ob du so faul bist, dass du erst spät am Tag aufstehst, ob du Frösche sammelst oder deine Klamotten immer auf dem Boden liegen lässt oder deine Unterhosen drei Tage lang trägst. Ganz im ernst, es gibt da draußen jemanden, dem das egal sein wird. Wahrscheinlich gibt es sogar eine ganze Menge Menschen, denen das egal sein wird. Mehr noch: Sie werden dich ganz besonders lieben, weil du anders bist und ein paar Schrullen hast. Bei einigen der glücklichsten Paare, die ich kenne, war einer oder auch beide ein bisschen grantig, unsozial oder sonst wie komisch. Je besser du jemanden kennen lernst, umso deutlicher wird, wie attraktiv gerade diese Ehrlichkeit ist.

BEISPIEL: TOM

Tom heiratete ein Mädchen, das so geradeheraus, fast schon unfreundlich, war, wie es seine Freunde noch nie erlebt hatten. Sie alle wunderten sich, was zum Teufel er da tat. Er kannte doch so viele andere Mädchen. Aber: Er wusste genau, was er tat.

Sie war direkt und ehrlich , und je näher seine Freunde sie kennen lernten, umso besser verstanden sie ihn. Sie lästerte nicht und sie erzählte keine Lügen – nicht mal Notlügen. Jeder wusste genau, woran er mit ihr war. Es war wirklich einfach, mit ihr klarzukommen, denn „sie war, wer sie war".

Authentizität ist eines der stärksten Aphrodisiaka auf der Welt, denn damit zeigst du deinem potenziellen Partner deine Verletzlichkeit. Wenn du ständig vorgibst, zu sein, was du nicht bist, um Liebe zu bekommen, dann wirst du nur Mangel bekommen. Denn der Glaubenssatz, der hinter deiner Maske steckt, zeigt doch nur, dass die wirkliche Person nicht gut genug ist, um sich der Welt zu zeigen. Hab Vertrauen darauf, dass du perfekt bist und zeige dich von Anfang an.

LIEBE DEIN ÄUSSERES DU

Täglich verbringen wir zu viel Zeit damit, uns zu fragen, was mit unserem Äußeren nicht stimmt. Dazu tragen natürlich die Medien bei, die pausenlos über Stars schreiben, deren kleinste Pickel kommentieren, und über beginnende Glatzen und Orangenhaut berichten, als hätte die betroffene Person eine schlimme Sünde begangen, weil sie nicht der abstrakten Vorstellung von Perfektionismus entspricht. Es ist also kein Wunder, dass du dich selbst manchmal im Spiegel betrachtest und unzufrieden bist.

Das ist aber aus Sicht des Gesetzes der Anziehung nicht besonders schlau! All die Menschen da draußen, die solche Magazine lesen und sich selbst mit den Berühmtheiten vergleichen, handeln aus einem Mangel heraus.

Ja, das macht jeder von uns gelegentlich – wir denken, wir wären nicht hübsch genug, zu dick oder zu dünn, hätten die falsche Haarfarbe, die falsche Größe, das falsche Alter. Das wirkt an sich recht harmlos, ist es aber nicht. Man würde ja auch einem Kind niemals sagen, es sei hässlich. Man würde ihm nicht sagen, es solle seine Haare färben oder die Nase richten lassen. Man fände es eine Beleidigung, wenn ein Erwachsener einem Kind diese Dinge nicht nur einmal, sondern jeden Tag oder sogar mehrmals täglich sagen würde. Ich jedenfalls sehe das so, obwohl ich zugeben muss, dass ich zu mir selbst Dinge sage, die ich niemals einem Kind sagen würde. Jedes Mal, wenn ich kleine Kinder sehe, fällt mir auf, wie perfekt sie sind. In Wirklichkeit ist die Mehrheit aller Gesichter faszinierend. Körper gibt es in allen Formen und Größen und der eine hat mehr Falten als der andere, aber sind wir deshalb weniger perfekt? Man kann in jedem Körper und in jedem Alter Schönheit entdecken.

Ein Filmregisseur hat mir das Geheimnis verraten, warum wir die Hollywood-Stars so lieben. Es liegt daran, dass die Kamera an jedem Detail verweilt. Es ist egal, ob der Star jung oder schon älter ist. Die Kamera ermöglicht es uns, die Gesichter aus der Nähe zu betrachten, bei jedem zu verharren. Das ist sonst nur bei unserem Liebhaber, dem Kind oder den Eltern möglich. Kurz gesagt, die Kamera erlaubt uns, die Stars ganz genau zu betrachten – und schon merken wir, dass wir sie lieben. Wir lieben jede Unregelmäßigkeit, jeden kleinen Teil ihres Gesichts. Es ist geradezu ein hypnotisierender Prozess, in dem wir unser Schönheitsbild neu definieren können. Ein Star wir Gerard Depardieu ist so ein Fall. Wenn wir uns seine ungewöhnlichen äußerlichen Merkmale wieder und wieder ansehen, fällt uns auf, dass gerade die genauso unwiderstehlich sind wie eher gefälligere Formen. Das nächste Mal, wenn du dich im Spiegel betrachtest, verweile einen Augenblick. Schenke dir selbst die Aufmerksamkeit, die du einem Gesicht in einem Spielfilm geben würdest. Sei von dir selbst verzaubert – so wie du von einem Liebhaber verzaubert bist, mit dem du das erste Mal zusammen bist.

Fang an, dein Leben zu lieben

Überlege dir, was dich generell im Leben glücklich macht. Wann fühlst du dich lebendig? Was bringt dich zum Lachen? Was macht dir Freude?

Wenn du daran gewöhnt warst, dich auf das zu konzentrieren, was dich nicht glücklich macht – all der Mangel und die Einsamkeit und das ungute Gefühl, sich nicht geliebt zu fühlen –, dann wird es eine Weile dauern, sich wieder ein täglich Glücksgefühl anzutrainieren. Für den Anfang reicht es, die „falschen Denkweisen" anzuerkennen und abzulegen. Auch aktiv zu werden und jeden Tag mehr von dem zu machen, was Freude bereitet, stößt den Prozess an und bringt den eigenen Focus mehr und mehr in Richtung Freude. Jedes Mal, wenn du dich glücklich und leicht fühlst, erhöhst du deine Energieschwingungen und ziehst damit ganz einfach immer schönere Erlebnisse an.

DIE GLÜCKSBALANCE

Denke an einen gewöhnlichen Tag. Was machst du? Stehst du zu einer bestimmten Uhrzeit auf? Isst du Frühstück, Mittagessen, Abendessen? Gehst du zur Arbeit? Oder bleibst du zu Hause? Guckst du fern? Wenn es in deinem Leben gerade keine Liebe gibt, dann ist es an der Zeit, mehr Freude und Abwechslung in die tägliche Routine zu bringen.

Oft ist ein Zuviel an Routine das eigentliche Problem. Wir alle brauchen Veränderungen, Aufregung und Spontaneität, die uns ab und an aufrüttelt. Struktur und Gleichförmigkeit sind eine gute Stütze, aber die Menschen würden immer noch in Höhlen leben, wenn es keinen Wandel und keine Veränderung gäbe.

Was könntest du tun, was Spaß macht, spontan ist und vielleicht auch ein bisschen gewagt? Es hängt natürlich von der Person ab und wie gewagt deren Leben ist. Da ist zum Beispiel Lydia. Nach ihrer Scheidung sehnte sie sich nach einem großen Abenteuer. Also machte sie sich eines Tages auf nach Südamerika und arbeitete dort drei Monate für eine Wohlfahrtsorganisation. Nicki entschied sich, mit dem Tanzen zu beginnen, obwohl sie 60 Jahre alt war. Sie hatte gemeint, sie wäre zu alt, um etwas Neues anzufangen. Janets neues Hobby bestand darin, Freitagabends zu Hause zu bleiben und mit Freunden zusammen zu kochen.

Es spielt keine Rolle, was die anderen denken. Der Punkt ist der, dass du entscheidest, wie viel Veränderung deine Routine braucht, um alles ein bisschen aufzurütteln und die Glücksbalance in deine Richtung zu schubsen.

Was willst du tun? Durch den Park rennen und mit deinem Hund spielen, eine Weltreise machen, Bauchtanz lernen, Live-Comedy-Shows besuchen, selbst Schokolade machen, ein Buch schreiben, in der Sonne liegen oder einfach vom Sofa aufstehen und dich mehr bewegen?

80/20

Stelle eine Liste der Dinge auf, die du besonders gerne machst. Ich arbeite immer nach dem 80/20-Prinzip: Wenn du die wichtigsten 20 % davon regelmäßig machst, dann wirst du die Glücksbalance um 80 % zu deinen Gunsten verschieben. Du musst nicht alles machen, was auf deiner Liste steht, es reichen die Dinge, die den größten Unterschied bewirken.

Wenn du noch nicht genau weißt, was du tun sollst, dann versprich dir selbst, es herauszufinden. Lass all das, was in deinem Leben unwichtig ist, los. Klammere dich nicht an Verletzungen.

Vergiss bei all dem nicht deinen Humor. Wenn etwas mal nicht gut läuft – das passiert jedem von uns –, und du kannst darüber gar nicht lachen, dann bleibe wenigstens neugierig. So lenkst du deine Aufmerksamkeit weg von dem, was du nicht willst, hin zu dem, was du willst. Behalte immer einen frohen Geist.

Es gibt nur ein Maß für deinen Erfolg, und das ist, wie du dich fühlst. Sobald du dich leichter, glücklicher, aufgeregter, ruhiger fühlst und merkst, dass du dein Leben mehr genießt, dann funktioniert's.

Jedes Mal, wenn du dich dabei erwischst, dass du dieses Gefühl der Liebe in deinem Leben spürst, hast du dich in einen Liebesmagneten verwandelt. Du fühlst die Liebe immer stärker, als würde das Glück aus dir heraus ins Universum hallen und Liebhaber und Freunde ermuntern, *jetzt* in dein Leben zu treten.

Dein Herz öffnen

Wenn du eine Zeit des Mangels erlebt hast, dann hast du wahrscheinlich eine Art energetischen Zaun um dein Herz errichtet.

Dein Herzchakra (Seite 69 - 70) muss sich frei öffnen können, um Liebe anzu-ziehen. Manchmal sind unsere Chakras blockiert. Wenn man sich eine Kirlian-fotografie oder das Energiebild einer Person ansieht, sieht man, dass jemand, der emotional und spirituell ausgeglichen ist, klare, wundervoll gefärbte Chakras zeigt, die in einer geraden Linie vor dessen Körper verlaufen. Bei jemandem, der unglücklich, depressiv oder in anderer Weise unausgeglichen ist, können einige dieser Farben kaum zu erkennen sein. Einige Chakras sind manchmal dominanter als andere. Ein ausgeglichenes, liebevolles Herz erscheint rosa oder grün. Wenn es offen ist, dann wirbelt die Energie geradezu umher und es sieht aus, als würde sich eine leuchtende Blüte öffnen.

Wenn es dir gerade nicht leicht fällt, Liebe zu geben oder zu empfangen, dann nimm dir die Zeit, dich auf die Gesundheit deines Herzchakras zu kon-zentrieren. Das ist einfach und dauert nur wenige Minuten.

CHAKRAS

Der Begriff Chakra stammt aus dem Sanskrit und bedeutet Rad. Es bezieht sich im Allgemeinen auf die sieben Energiezentren, welche den Energiefluss durch und um den Körper herum leiten. Den sieben Chakren ist je eine Farbe zugeteilt und sie befinden sich an einem Punkt, der einem Teil des physischen Körpers entspricht (siehe Abbildung). Chakras sind Teil des Energiesystems, das uns nicht nur auf einem körperlichen Level gesund hält, sondern auch emotional, spirituell und mental. Wenn ein Chakra gesund und ausgeglichen ist, dann sind wir gesund. Wenn der Energiefluss innerhalb des Chakren gestört ist, dann werden wir krank oder negativ beeinflusst, sei es körperlich oder auf andere Art und Weise. Wenn dir die Liebe bisher viel Kummer bereitet hat, wirkt sich dies auch auf die Balance deiner Chakren aus, und jemand mit übernatürlichen Fähigkeiten kann dies aufspüren. Die Chakren willentlich öffnen und schließen zu können ist Teil der Meditationen in diesem Buch und wird dir dabei helfen zu lernen, Liebe in deinem Leben anzuziehen.

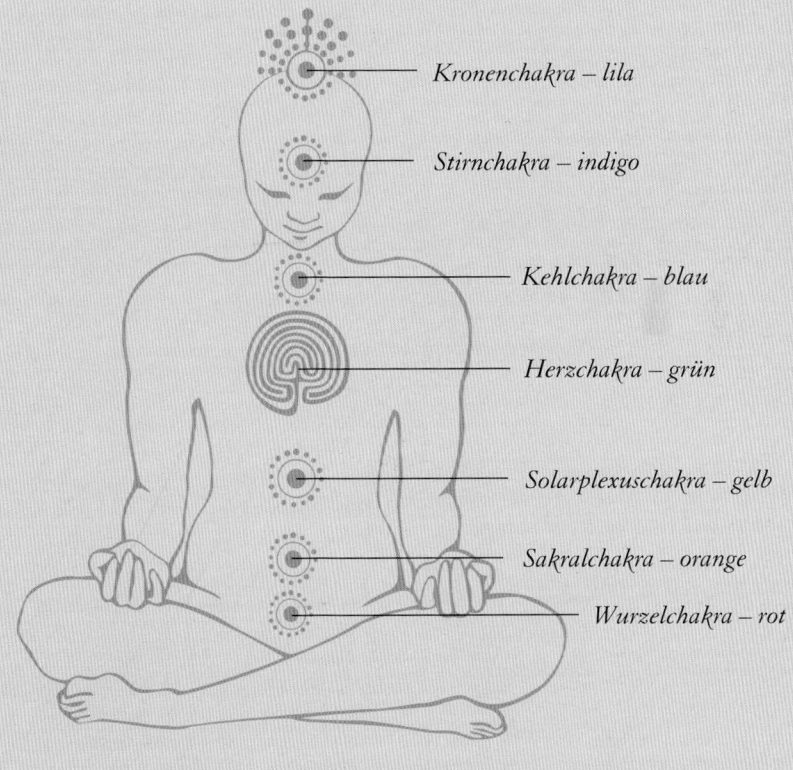

Kronenchakra – lila

Stirnchakra – indigo

Kehlchakra – blau

Herzchakra – grün

Solarplexuschakra – gelb

Sakralchakra – orange

Wurzelchakra – rot

Öffne dein Herzchakra

♥ Stell dir vor, dein Herzchakra ist wie eine Blume mit Blütenblättern, die sich öffnen und schließen können. Die östlichen Traditionen nutzen den Lotus als Symbol.

♥ Sieh vor deinem geistigen Auge, wie sich die Blütenblätter der Blume öffnen, um all die Liebe zu empfangen, die im Universum ist, und auch, um Liebe zu geben. Wenn du gibst, dann sieh, wie die Energie durch deinen Schädel und dein Kronenchakra herein- und durch dein Herz wieder heraus fließt. So kannst du immer auf die universelle Energie zurückgreifen, die niemals zu Ende gehen wird.

♥ Dann nimm ein Bild zur Hilfe, das man in der buddhistischen Tradition „Herzyoga" nennt. Stell dir vor, du hättest einen kostbaren Diamanten. Stelle dir den Diamanten im Lotus deines Herzens vor und fühle dessen Freude und Schönheit. Lass ihn dort, von wo aus er Schönheit und Liebe verströmt. Lass ihn Liebe auf dich strömen, dein ganzer Körper wird von Liebe erfüllt. Lass ihn Liebe in die Welt hinausströmen. Du weißt, es gibt immer genug Liebe, auf die du, zurückgreifen kannst.

SCHICKE DEINE LIEBE INS UNIVERSUM

Wenn du mit der Liebe zu dir selbst ganz ausgefüllt bist, hast du noch genügend Liebe, die du ins Universum schicken kannst. Mitgefühl ist in vielen spirituellen Traditionen unabdingbarer Bestandteil. Wenn du deine Liebe verschwenderisch weggibst, kurbelt das die energetische Verbindung mit dem Liebesfluss im Universum an. Es erinnert dich daran, dass die Liebe eine Energie ist, die man teilen muss und die wir alle verdienen.

Im tibetischen Buddhismus gibt es eine Überlieferung, die uns Mitgefühl lehrt, indem wir alle Menschen so behandeln sollen, als wären es unsere Eltern. Wenn du umhergehst, dann schau dir die Fremden an und denke: „Diese Person ist meine Mutter oder mein Vater." Schau dir jeden an, mit dem du täglich in Kontakt kommst. Sieh dir die Frau im Bus an, die über den Fahrpreis meckert und damit alles aufhält, wenn du es eilig hast. Kannst du dir sie als deine Mutter vorstellen? Sieh dir den Mann in den Nachrichten an, der ein Geschäft überfallen hat. Kannst du dir ihn als deinen Vater vorstellen? Sieh dir deine Nachbarn an, die dich nachts mit ihrer lauten Musik wach halten. Kannst du dir sie als deine Eltern vorstellen?

Alle großen spirituellen Traditionen lehren uns, dass wir nicht anders sind als die anderen Menschen, sondern in Verbindung miteinander stehen. Wenn du anderen Liebe schickst, kommt sie zu dir zurück.

Herzensleitungen

In Kapitel 2 haben wir schon darüber gesprochen: Jedes Mal, wenn du an jemanden denkst, bildet sich eine Energieleitung von deinem Körper zu dem des anderen (s. Seite 53). Und ebenso, wenn andere an dich denken: Dann zieht sich eine Leitung von ihnen zu dir. Wo im Energie-Körper diese Verbindung stattfindet, bestimmt, wie sie sich anfühlt.

Wenn du einen anderen aus tiefem Herzen liebst, dann schickst du eine energetische Leitung von deinem zu seinem Herzen. Diese Liebe gibt euch beiden Kraft. Sie fühlt sich vertraut, großzügig und unvoreingenommen an.

Das ist ein großer Unterschied zu der Art von Liebe, die aus einer Bedürftigkeit oder aus Co-Abhängigkeit resultiert. Wenn man energetische Leitungen sehen könnte und man würde zwei Menschen betrachten, die aus Bedürftigkeit statt aus Liebe miteinander verbunden sind, dann würde man die wortwörtliche Bindung sehen. Das wäre nämlich keine gerade Leitung von einem Herz zum anderen, sondern eher eine Verwicklung aus Leitungen, die den anderen wie eine Zwangsjacke gefangen hält. Genauso sehen die Leitungen aus, wenn man von einer anderen Person besessen ist.

Liebe ist großzügig. Sie will den anderen nicht einsperren und fesseln, sondern ist eine Herzensverbindung. Das ermöglicht dir, das eigene Leben zu leben und du selbst zu bleiben, während du dich geliebt und von dieser Liebe gestützt fühlst.

DER UNTERSCHIED ZWISCHEN LIEBE UND SEX

Es ist wichtig, Sex und Liebe nicht durcheinander zu bringen. Der Grund dafür, dass viele spirituelle Traditionen Regeln zur sexuellen Lebensweise aufgestellt haben, liegt daran, dass Sex schnell zum Mittelpunkt werden kann. Wenn die Leitungen, die zwischen Partnern bestehen, keine Herzleitungen sind, dann rauben sie Energie. Je mehr sexuelle Verbindungen, ohne Liebesverbindungen du hast, desto mehr Energie gibst du ab, die deinem Leben keine Liebe zurückgibt. Es ist wichtig, nicht-liebevolle Verbindungen jeglicher Art zu löschen, um so durch das Gesetz der Anziehung echte Liebe in dein Leben zu lassen. Das hawaiianische Vergebungsritual aus Kapitel 2 (Seite 54/55) ist eine gute Möglichkeit, damit zu beginnen.

DAS WESENTLICHE

Liebe zieht Liebe an. Es ist unsere Bestimmung, geliebt zu werden. Wir alle sind liebenswert. Was uns davon abhält, Liebe zuzulassen, ist, dass wir diese Tatsache nicht erkennen. Liebe von anderen anzunehmen fängt damit an, sich selbst zu lieben. Es mag viele Gründe dafür geben, dass du nicht erkennst, dass du dieser Liebe wert bist. Viele von uns haben Schädigungen davongetragen durch Taten oder Worte anderer in unserer Kindheit oder im späteren Leben. Doch wie dem auch sei: Du hast die Kraft, dich selbst zu jedem Zeitpunkt des Lebens mit ganz neuen Augen zu sehen. Du kannst das wahre Du erkennen, frei von allen falschen Vorstellungen, die du dir über dich gemacht hast. Du kannst die Liebe in dir selbst finden, und dann, wenn das geschehen ist, kannst du beginnen, Liebe von anderen zu empfangen. Liebe ist eine Angewohnheit. Sie kommt sowohl aus den Gedanken als auch aus den Taten. Du kannst dich jederzeit mit der Liebe verbinden, indem du freundlicher und mitfühlender mit dir selbst und netter zu anderen bist. Entscheide dich heute! Entscheide dich, anzuerkennen, dass du perfekt bist, egal ob du davon ganz überzeugt bist oder eher nicht. Sei so zärtlich zu dir wie zu einem kleinen Baby. Finde in dir selbst die tiefe Liebe für dein einzigartiges Du. Du wirst spüren, wie du belohnt wirst. Du wirst nicht nur dich und dein Leben besser finden, sondern auch die anderen werden sich dir gegenüber anders verhalten.

MEINE NOTIZEN

KAPITEL 4

Wähle deine Zukunft

'NICHTS HAT MEHR MACHT ALS EINE ANGEWOHNHEIT.'

OVID

Wie soll deine Zukunft aussehen? Es ist Zeit, sich darüber Gedanken zu machen, damit du sie aktiv gestalten kannst, und sie dir nicht einfach widerfährt. Überlege dir, wie sich ein Leben voller Liebe anfühlt und wie es aussieht. Je klarer dir ist, was du schaffen willst, umso zufriedener wirst du mit den Ergebnissen sein.

In diesem Kapitel lernst du:

♥ Entscheide, was du willst, und nimm dir vor, das auch zu bekommen.

♥ Zeichne eine Liebesschatzkarte, damit du anfangen kannst, von deinem neuen Leben zu träumen.

♥ Schreibe deine persönliche Liebesliste, durch die du neue Arten von Beziehungen kennenlernen kannst, die dir helfen dein Selbstbewusstsein zu bewahren.

♥ Nutze deine Gefühle, damit sie dich auf dem richtigen Weg halten.

BEISPIEL: PHILIPPE PETIT

An einem Tag im August 1974 geschah etwas Außergewöhnliches. Die Menschen in New Yorks Stadtteil Lower Manhatten gingen ihren ganz normalen Geschäften nach. Nichts deutete darauf hin, dass dies ein besonderer Tag war, aber hundert Meter über ihren Köpfen lief ein Mann auf einem Drahtseil zwischen den Twin Towers des World Trade Centers entlang. Der Mann, der diesen unglaublichen Hochseilakt vollführte, war Philippe Petit, der sein Leben als Pariser Straßenkünstler begonnen hatte. Der Dokumentarfilm „Man on Wire" von James Marsh erzählt seine Geschichte. Philippe war 18 Jahre alt, als er bei seinem Zahnarzt im Wartezimmer einen Bericht über die Twin Towers las, die zu diesem Zeitpunkt noch nicht einmal gebaut worden waren. Nichtsdestotrotz nahm er sich vor, auf einem Hochseil von einer Seite zur anderen zu gehen, wenn sie denn gebaut wären.

Um dies zu schaffen, musste er leidenschaftlich, beharrlich und ungeheuer einfallsreich sein. Petit plante sechs Jahre lang. Er und seine Freunde reisten mehrmals zu den Türmen, um Informationen zu sammeln. Dann brachen sie dort ein, versteckten sich und die Ausrüstung und befestigten

ein Stahlkabel hundert Stockwerke hoch über den weiten Zwischenraum von 43 Metern. Und das alles, bevor Petit über das Kabel lief, das vom tosenden Wind in Schwingung versetzt war.

Am frühen Morgen des 7. August stellte sich Petit auf das Seil. Er lief 45 Minuten lang über Manhattan hinweg, hin und her auf einem Kabel. Er legte sich sogar eine Weile dort hin und hörte erst auf, als die Polizei kam. Die nahm ihn fest, aber Petit hatte erreicht, was er sich all die Jahre zuvor vorgenommen hatte. Seine unglaubliche Tat sorgte in der ganzen Welt für Schlagzeilen.

Was ich an dieser Geschichte so inspirierend finde, ist die Tatsache, dass Petit so sehr an seine Vision glaubte. Dass er ihr treu blieb und dranblieb, auch wenn Schwierigkeiten und Hindernisse auftauchten, die ihm im Weg standen.

Was auch immer du in deinem Leben schaffen willst, du kannst es, wenn du weißt, was du willst und warum du es willst. Du kannst ein Bild von dem, was du willst, in deinem Geiste bewahren und dich darauf konzentrieren, egal wie die Chancen stehen.

Erschaffe eine Vision deiner Zukunft

Die Twin Towers waren noch nicht einmal gebaut, als Philippe Petit (S. 78) sich seinem Ziel verpflichtete, auf einem Hochseil zwischen den Türmen hin und her zu laufen. Und doch behielt er seinen unerschütterlichen Glauben daran, dieses Wahnsinnsvorhaben durchführen zu können. Keiner sagte ihm: „Du schaffst das!". Der Glaube daran kam aus ihm selbst. Willst du deine liebevolle Zukunft so sehr, wie Petit zwischen den Türmen laufen wollte? Hast du ein Bild von dem, was du in deinem Leben erschaffen willst?

Erlaube dir, zu erträumen, wie deine Zukunft aussehen könnte. Es reicht nicht, dem Universum zu sagen, dass du gern Liebe in deinem Leben hättest. Du musst dir aktiv vorstellen, wie das aussehen und wie es sich anfühlen wird. Das Universum antwortet auf das Bild, das du dir machst, und es tut sein Bestes, dir dies zu ermöglichen, wenn du zur gleichen Zeit aktive Schritte machst, damit es auch geschehen kann. Manifestation ist das Ergebnis der Zusammenarbeit von dir und dem Universum.

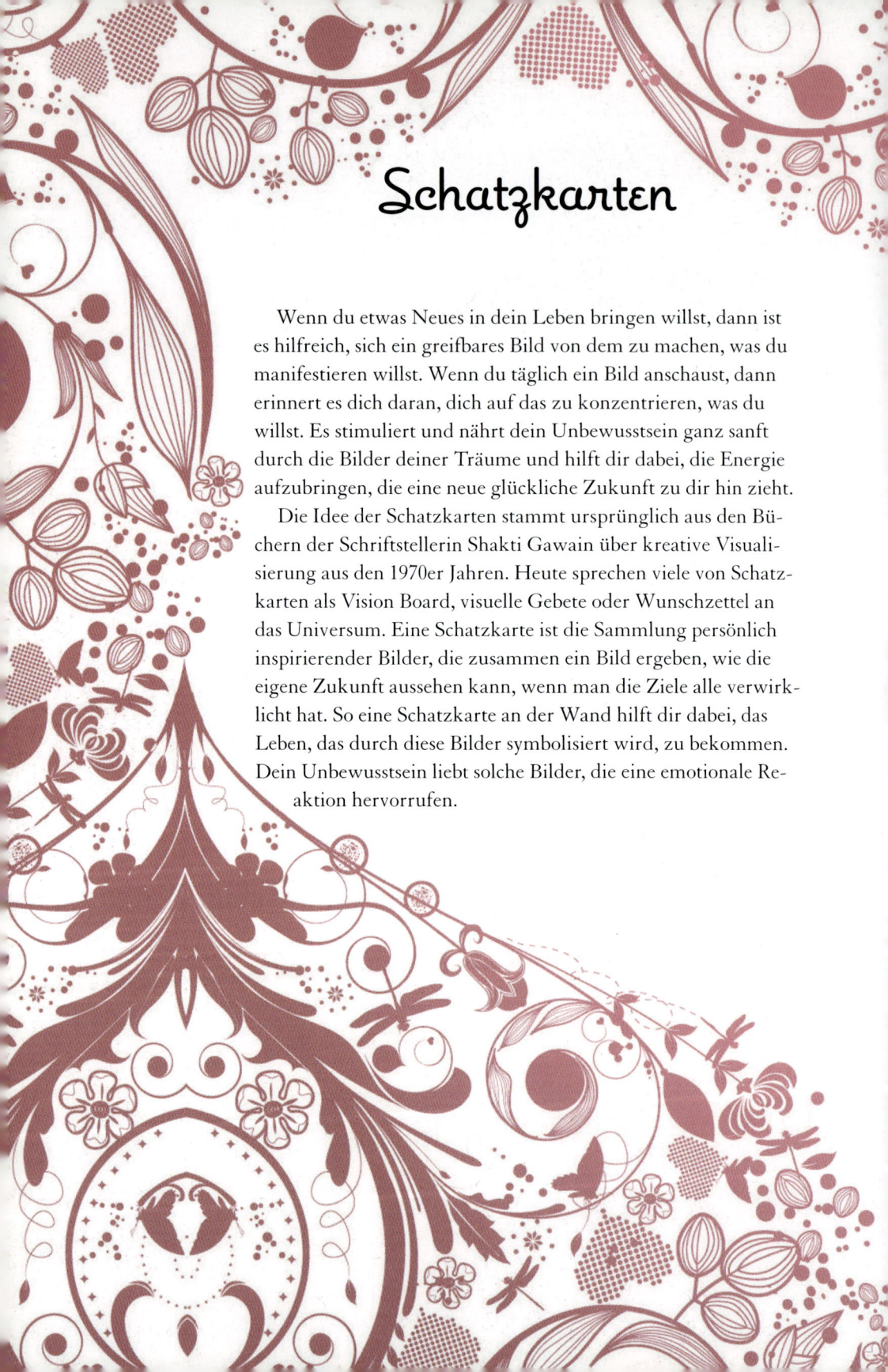

Schatzkarten

Wenn du etwas Neues in dein Leben bringen willst, dann ist es hilfreich, sich ein greifbares Bild von dem zu machen, was du manifestieren willst. Wenn du täglich ein Bild anschaust, dann erinnert es dich daran, dich auf das zu konzentrieren, was du willst. Es stimuliert und nährt dein Unbewusstsein ganz sanft durch die Bilder deiner Träume und hilft dir dabei, die Energie aufzubringen, die eine neue glückliche Zukunft zu dir hin zieht.

Die Idee der Schatzkarten stammt ursprünglich aus den Büchern der Schriftstellerin Shakti Gawain über kreative Visualisierung aus den 1970er Jahren. Heute sprechen viele von Schatzkarten als Vision Board, visuelle Gebete oder Wunschzettel an das Universum. Eine Schatzkarte ist die Sammlung persönlich inspirierender Bilder, die zusammen ein Bild ergeben, wie die eigene Zukunft aussehen kann, wenn man die Ziele alle verwirklicht hat. So eine Schatzkarte an der Wand hilft dir dabei, das Leben, das durch diese Bilder symbolisiert wird, zu bekommen. Dein Unbewusstsein liebt solche Bilder, die eine emotionale Reaktion hervorrufen.

Erschaffe deine eigene Liebesschatzkarte

♥ Besorge dir eine Pinnwand oder einen großen Karton und beginne damit, Bilder zu sammeln, die deine neue Zukunft zeigen. Du widmest deine Schatzkarte einer neuen *liebevollen* Zukunft. Schon damit anzufangen, solche Bilder zu sammeln, kann sehr motivierend und erleuchtend sein.

♥ Halte Ausschau nach glücklichen Bildern. Blättere durch Magazine, suche im Internet, auf Postkarten und Fotos und finde Bilder, die deine erträumte neue Zukunft repräsentieren. Du suchst nach Bildern, die dich inspirieren oder motivieren, diese neue Zukunft wahrwerden zu lassen und zum Leben zu erwecken.

♥ Wenn du deine Bilder ausgewählt hast, nimm Schere und Kleber zur Hand und stelle eine Kollage zusammen – so wie damals in der Grundschule, aber dieses Mal mit einem ganz bestimmten Ziel. Die Faustregel besagt, dass du freudig und verschwenderisch an die Sache rangehen sollst. Was du deinem Bild energetisch zuführst, wird Wirkung zeigen.

♥ Du kannst dein Bild auch selbst zeichnen, wenn du deiner Liebesschatzkarte so mehr Bedeutung zukommen lassen kannst. Wenn ein kindlich gezeichnetes Haus mit einer Familie davor und einer hellgelben Sonne am Himmel dir ein Gefühl von Glück gibt, dann ist das wesentlich effektiver als ein Hochglanzfoto aus einer Zeitschrift. Es ist egal, ob du wie Rembrandt malst. Das Gesetz der Anziehung arbeitet mit den Gefühlen, die du diesem Bild entgegenbringst. Je besser du dir vorstellen kannst, dass deine Zukunft möglich und machbar ist, desto mehr wird sie von dir angezogen werden.

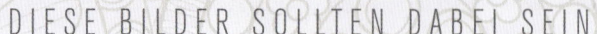

Vergiss nicht, Bilder in deine Liebesschatzkarte aufzunehmen, die die Art von Person zeigen, die du werden wirst, wenn dein Leben von Liebe erfüllt ist. Denke darüber nach, wie dein Leben sein wird, nachdem du die gewünschte Zukunft erreicht hast. Damit erkennt dein Unbewusstsein deine zukünftigen Ziele nicht als etwas, was du dir wünschst, sondern als etwas, was von vornherein feststeht. Sobald dies geschieht, kann das Gesetz der Anziehung seine Magie entfalten und beginnen, diese Bilder Wirklichkeit werden zu lassen.

Vielleicht nimmst du ein Bild von glücklichen Freunden und Familientreffen oder von händchenhaltenden Paaren. Denke über die Lebenserfahrungen nach, die du mit Freunden und liebendem Partner machen wirst, wenn sich dein neues Leben manifestiert hat. Vielleicht wählst du das Bild eines Paares, das zusammen Reisen unternimmt, ein Kind hat oder ein Liebespaar, das miteinander alt wird? Oder ein Paar, das heiratet – wenn dies das ist, was du willst.

Lass deine Gedanken weit schweifen. Vergiss nicht, dass dies der Entwurf ist, den das Gesetz der Anziehung für deine Zukunft benutzen wird.

Schaffe dir ein vielseitiges Leben. Du kannst nur Bilder von Menschen aufkleben, die genauso aussehen wie dein Idealmann/deine Idealfrau, aber was machst du dann mit dieser Person, wenn sie in deinem Leben auftaucht? Welches Leben willst du mir ihr führen? Wie möchtest du behandelt werden? Welche Werte möchtest du mit diesem Menschen teilen?

Ich persönlich sorge immer dafür, dass ich Szenen von Aktivitäten auswähle, die ich in meinem Leben haben will und die mir ein leichtes, glückliches, wohlhabendes Leben mit Freunden und einem Partner ermöglichen. Zum Beispiel Bilder vom Tanzen, von Tieren oder wunderschönen Orten. Ein Bild, das ich auf meiner Schatzkarte immer gemocht habe, ist eines, das ich in einem Reisekatalog gefunden hatte und das ein Paar zeigt, das zusammen einen Wanderpfad hinaufklettert. Sie sehen glücklich, fit, liebevoll und gesund aus – und sind an einem wunderbaren Ort. Mit nur einem Bild habe ich damit eine Zukunft voller Reisen, Liebe und Wohlbefinden ausgedrückt.

Du wirst bemerken, dass du sehr wählerisch wirst, wenn du mit deiner Bildersammlung beginnst. Zunächst hast du vielleicht einen großen Haufen von Bildern, aber je genauer du sie dir anschaust und ein Gefühl dafür entwickelst, desto mehr wirst du entscheiden, welche wirklich in dir nachhallen und welche „nur so" sind. Wonach du gehen sollst? Im Zweifelsfall aussortieren. Nimm nur Bilder, die deine Seele wirklich nähren. Farbbilder sind gut, schwarzweiß regt das Unbewusste nicht so sehr an wie Farbe. Gestalte mit deinem Bild eine große, kräftige, strahlende Traumzukunft – wenn du so eine große, kräftige Zukunft auch in der Realität gestalten willst.

DIE FERTIGE KARTE

Wohin mit deiner Schatzkarte? Ich hänge meine dorthin, wo ich sie jeden Tag sehen kann, an der Wand in der Nähe meines Arbeitstisches. Du kannst aber auch eine Stelle in der Nähe deines Liebesaltars (Seite 131) auswählen, oder im Schlafzimmer, wo es dich jeden Morgen an die Liebe erinnert, oder in einer Ecke deines Hauses, die nach den Feng-Shui-Regeln mit der Liebe in Verbindung steht. Du kannst sogar eine Miniausgabe deines Bildes im Portmonee oder in einem Notizheft bei dir tragen.

Die Karte ist ein dynamischer Prozess. Du musst die Bilder, mit denen du einst begonnen hast, nicht behalten, nur weil sie einmal an deiner Wand hängen. Entferne jedes Bild, sobald es dich nicht mehr inspiriert. Wechsle die Bilder aus, bringe sie auf den neuesten Stand. Erfreue dich jeden Tag an deiner Schatzkarte. Der Schriftsteller William W. Purkey sagte einst: „Du musst tanzen, als würde niemand zusehen … Singe, als würde keiner zuhören." Das ist ein wunderbarer Gedanke. Ich möchte, dass deine Bilder tanzen und singen, so dass sie zu deiner Seele tanzen und singen und die Schwingung hinausweht ins Universum und von überall Liebe anzieht.

Zusammengefasst:

a) *Mache deine Zukunft sichtbar: Arbeite mit Bildern, nicht mit Worten.*

b) *Nimm Bilder, die dir etwas bedeuten und die sich gut anfühlen.*

c) *Behalte es für dich, so dass du dich nicht von der Meinung anderer beeinflussen lässt, was richtig für dich wäre.*

Das Ergebnis kann übrigens sofort eintreten. Ich fügte meiner Lebensschatzkarte das Bild einer Reise bei, die ich gerne machen würde, und manifestierte sie noch am selben Tag, als ein Freund mich dazu einlud!

Deine Liebesliste

Denke so lange darüber nach, was du in deinem Leben machen willst, wie du willst. So wie die Liebesschatzkarte führst du auch eine fortlaufende Liebesliste darüber, was du in Sachen Liebe in deinem Leben willst. Eine Liebesliste ist deine Definition von Liebe.

WAS MÖCHTEST DU?

Eine Liebesliste beginnt damit, dass du klarstellst, was du in deinem Leben willst. Was macht dir wirklich Freude im Leben? Welche Aktivitäten geben dir das Gefühl, Liebe in deinem Leben zu haben? Welche Beziehungen möchtest du führen? Welche Menschen sollen da sein?

Schreibe auf, wie dein Leben sein wird, wenn es voller Liebe ist. Stelle es dir vor und beschreibe mit Worten jeden Bereich deines Lebens, nicht nur die Liebesbeziehung. Wie wird sich dein Leben ändern, wenn du diese neue liebende Person wirst, der es so leicht fällt, Liebe zu leben? Picasso sagte einst: „Jedes Kind ist ein Künstler. Die Schwierigkeit liegt darin, ein Künstler zu bleiben, wenn man erwachsen ist." Sei fantasievoll. Sei kreativ. Verwöhne Dich selbst. Schreib nieder, was du wirklich willst. Pass auf, dass du nichts aufschreibst, was andere deiner Meinung nach für dich richtig fänden. Zensur tötet Träume. Sei so fantasievoll, wie du es als Kind warst.

Wenn du einmal mit dem Schreiben begonnen hast, dann wirst du merken, dass du eine ganze Menge aufschreiben kannst. Prüfe die Gefühle, die du dabei hast. Wenn dort nur ein kleiner Teil in dir ist, der sich nicht sicher ist, ob du das wirklich willst, dann streich diesen Satz und fang wieder neu an.

Wenn du dich erst einmal darauf eingelassen hast, über eine glückliche, liebevolle Zukunft nachzudenken, wird es dir ganz natürlich vorkommen. Lass deine Gedanken ganz selbstverständlich umherwandern. Erkunde jedes Bild nacheinander. Nimm kleine Änderungen und Korrekturen vor. Wichtig ist, dass diese Übung ein Spiel bleibt. Mir persönlich gelingt es am besten, wenn ich die Ideen in ein besonderes Buch hineinkritzel, das ich extra für meine Liebesliste gekauft habe. Dann kann ich später die besten Ideen auf eine Wandtafel übertragen, so dass sie immer in meiner Nähe sind.

Setz dich nicht unter Druck. Am kreativsten bist du, wenn du dich wohlfühlst, in der Sonne oder in der Badewanne liegst oder meditierst. Entspanne einfach und lass die Ideen ganz selbstverständlich kommen.

BEISPIEL: CLAIRES LIEBESLISTE

Hier ist die Liebesliste von meiner Klientin Claire:

Leben voller Liebe bedeutet für mich:

♥ Eine verbindliche Partnerschaft mit einem Mann, den ich liebe und der mich liebt. Wir leben zusammen und erfreuen uns jeden Tag an der Anwesenheit des anderen.

♥ Wir sind verheiratet, denn das symbolisiert die tiefe Verbundenheit, die wir zueinander haben.

♥ Ich werde mit meinem Ehemann morgens wach und gehe abends mit ihm zu Bett.

♥ Wir haben zusammen eine Familie und sind als Familie tief miteinander verbunden, das heißt, wir reden miteinander, wir teilen glückliche Momente und lachen jeden Tag. Mindestens einmal am Tag essen wir gemeinsam und nehmen uns Zeit, miteinander zu entspannen. Jede Woche unternehmen wir etwas Interessantes, denn miteinander Zeit zu verbringen, zeigt uns, wie wichtig wir einander sind.

♥ Ich zeige meine Liebe, indem ich zärtlich zu meinem Partner bin. Wir machen einander große und kleine Geschenke, auch wenn es gerade keinen besonderen Anlass dazu gibt. Wir sagen einander, wie besonders der andere ist, und überlegen uns Möglichkeiten, dem anderen zu gefallen. Wir küssen einander, halten Händchen und zeigen unsere Liebe durch Berührungen.

♥ Wir haben ein tolles Sexleben!

♥ Wir achten darauf, dass wir sagen, was uns wichtig ist, so dass wir täglich mehr Nähe und Vertrauen aufbauen können.

♥ Ich bin umgeben von Freunden, die ich liebe und die mich lieben. Das bedeutet für mich, dass wir unterschiedliche Interessen verfolgen, offen miteinander reden können und Spaß miteinander haben. Wir lassen einander Raum und wissen, dass wir auch trotz vieler unterschiedlicher Erfahrungen immer miteinander verbunden bleiben. Wir hören einander zu, wenn wir in schwierigen Zeiten jemanden zum Reden brauchen. Und wir teilen unsere Freude, wenn alles rundläuft. Meine Freunde freuen sich für mich, dass ich das Beste aus mir mache, eine liebevolle Partnerschaft habe und ein erfülltes, glückliches Leben führe.

♥ Ein Leben voller Liebe bedeutet für mich, mit meinem Ehemann zusammen Kinder zu haben, und auch Zeit mit den Verwandten zu verbringen und Familienfeste zu feiern. Nicht nur zu bestimmten Anlässen, sondern auch, wenn uns einfach danach ist. Es ist immer ein glückliches Beieinandersein, wenn Freunde und die Familie Zeit miteinander verbringen, quatschen und es sich gut gehen lassen.

♥ Ich nehme mir jeden Tag die Zeit, mich selbst gut zu behandeln. Ich achte auf meinen Geist, meinen Körper und meine Seele, so dass ich selbst liebevoll mit mir umgehe. Ich belohne mich selbst, wenn ich einen harten Tag hatte, und kaufe mir ein Geschenk oder nehme mir die Zeit für eine Massage, so dass sich meine Stimmung wieder hebt.

♥ Ich erkenne, wenn ich jemanden treffe, dessen Energie mich negativ beeinflusst. Ich halte mich von ihm fern und lasse mein eigenes Bedürfnis, zu dramatisieren, los und spiele weder Richter noch Opfer.

♥ Mein Freundeskreis setzt sich aus alten und neuen Freunden zusammen, so dass immer frischer Wind in mein Leben kommt, während das Gefühl bleibt, Liebe und Erfahrungen gemeinsam zu teilen.

♥ Ich vertraue mir selbst und ich vertraue den Menschen in meinem Leben, so dass wir unsere Leben urteilsfrei miteinander teilen können.

♥ Ich sorge dafür, dass ich eine Menge Interessen in mein Leben integriere, Dinge tue, die ich mag – einschließlich Reisen –, neue Dinge lerne und etwas Neues ausprobiere, um zu sehen, ob es mein Leben bereichert. Je mehr tolle Dinge ich tue, desto mehr schätze ich mich selbst und mein Leben.

♥ Ich gehe zum Sport und ernähre mich gesund, weil ich meinen Körper liebe und mich dann gut fühle.

♥ Ich gestalte ein gemütliches Heim und werfe alles weg, was ich nicht leiden kann. Ich schaue mich täglich um und genieße die Schönheit der Dinge, die ich besitze.

♥ Ich gebe mir selbst Zeit, Dinge und Interessen zu entdecken, die mir persönlich wichtig sind und meinem Leben einen Sinn geben.

♥ Am wichtigsten ist, dass ich mich verpflichte, Liebe um mich herum zu haben, die mir ein Gespür für mich selbst gibt. Ich werde zuerst mich selbst lieben, und wenn ich mich selbst liebe, dann ziehe ich damit die Liebe auf allen Ebenen meines Lebens an.

WARUM MÖCHTEST DU DAS?

Sieh dir deine Liebesliste an. Dann schreibe neben jede deiner Zukunftsvorstellungen, warum das für dich in deinem Leben wichtig ist. Wenn du entscheidest, dass etwas eher sein kann als sein muss, dann schlage ich vor, dass du dich fragst, ob es dir wirklich so wichtig ist, dass du es in deinem Leben manifestieren willst. Denke darüber nach, was es deinem Leben bringen wird. Welche positiven Gefühle wird es dir bringen? Indem du dir darüber klar wirst, warum du was willst, werden gute Gefühle deine Zukunftsträume ergänzen.

Lies dir deine Liebesliste durch. Mache sie so persönlich wie möglich. Dann fühle, wie der Traum Wirklichkeit wird. Wenn du dir vorstellst, mit deiner neuen Liebe zusammen zu sein, dann stelle dir auch vor, was deine Freunde zu dir und über dich sagen werden, stelle dir vor, welche liebvollen Worte du und dein Partner austauschen werden. Wo werdet ihr essen und schlafen? Was werdet ihr zusammen unternehmen? Wie wird euer Alltag aussehen? Wie werdet ihr einander eure Liebe zeigen? Werdet ihr reisen? Werdet ihr einander kleine Liebesbriefe schreiben? Werdet ihr euch kleine Geschenke machen? Wie kann man dir am besten zeigen, dass man dich liebt?

Träume, dass es geschieht – und vor allem fühle es! Je mehr du deine Träume mit Gefühlen und Empfindungen auflädst, desto stärker aktivierst du das Gesetz der Anziehung.

Nutze die Macht der Gefühle

Das Gesetz der Anziehung funktioniert über *Gefühle*, das wird oft nicht verstanden. Ein Klient sagt etwa: „ Nun, ich habe meine Ziele aufgeschrieben, aber nichts ist passiert." Dann frage ich: „Was fühlst du, wenn du dir vorstellst, wie du deine Ziele erreichst?" Dann kommt eine Antwort wie „nicht viel" oder „Ich will wirklich, dass das klappt, aber ich weiß nicht wie". Wenn ich dann ein bisschen tiefer bohre, höre ich: „Ich habe nicht das Gefühl, dass ich wirklich so etwas für mich wahrwerden lassen kann."

Das Schlüsselwort ist *fühlen*. Wenn du *denkst*, dass du ein bestimmtes Leben willst, aber fühlst, dass du ein anderes bekommst oder verdienst, dann rate mal, welches dir das Gesetz der Anziehung bringen wird? Das Gesetz der Anziehung ist magnetisch. Gefühle besitzen eine größere Menge Energie als logische, bewusste Gedanken.

Jedes Mal, wenn du an deine Vergangenheit denkst, dann ist mit dem Bild in deinem Kopf auch ein Gefühl verbunden. Die folgenden Fragen zeigen dir das sehr deutlich:

Erinnerst du dich, wie frisch gebackenes Brot schmeckt?

Wie sieht es mit dem Duft frisch gewaschener Laken aus?

Erinnerst du dich an eine Zeit, als du etwas oder jemanden wirklich toll fandest?

Hast du eine Erinnerung an ein Lieblingslied?

Sich Bilder, Gerüche oder einen Geschmack in Erinnerung zu rufen, bringt Gefühle hervor. Auch wenn diese Erinnerungen aus der Vergangenheit stammen, können die damit verbundenen Gefühle in die Gegenwart geholt werden.

Du kannst die Zukunft geschehen lassen, indem du Erinnerungen in die Zukunft bringst. Indem du dir bis ins kleinste Detail ausmalst, was du dir wünschst, und dir vorstellst, wie es sich anfühlen wird, wenn du in der Zukunft deine Träume lebst, beginnt dein Unbewusstsein, dies als real zu betrachten. Die Energie dieser „Zukunftserinnerung" funktioniert als ein Magnet, sie zieht deine neue Zukunft in dein Leben. Der Trick ist, sich dabei glücklich zu fühlen. Je stärker die Gefühle, desto leichter wird es dir fallen, das anzuziehen, was du dir wünschst.

Deshalb ist es auch so wichtig, Zeit auf die Gefühle des Sichselbstliebens zu verwenden, bevor man eine neue Zukunft kreiert, denn sonst zieht man nur das an, was man immer schon angezogen hat. Negative Gefühle haben viel Macht. Wenn du voller Wut bist, wirst du wütende Menschen und Erlebnisse anziehen, die noch mehr Wut in dein Leben bringen. Wenn du voller Trauer bist, noch Liebeskummer hast oder eine schlimme Kindheit noch nicht verarbeitet hast, wirst du durch das Gesetz der Anziehung noch mehr Trauer und Verlust in deinem Leben erfahren. Darum ist es so wichtig, alle ungelösten negativen Gefühle zu erkennen und aufzulösen, denn sie sind unbewusste Energieblockaden.

Sobald du mit den negativen Gefühlen im Reinen bist, schaffst du in deinem Unbewussten eine Energielücke, und weil Liebe die höchste Energie des Universums ist, fließt sie genau in diese Lücken hinein. Wenn du dich erst einmal geliebt fühlst und dich selbst liebst, wirst du liebevolle Erfahrungen und liebevolle Menschen in dein Leben ziehen.

Wenn du an dieses neue Leben denkst, wie fühlt es sich an? Macht es dich glücklich oder aufgeregt, wenn du daran denkst? Oder sind da gar nicht so viele Gefühle mit im Spiel?

Wenn du über deine Zukunft nachdenkst und dabei nicht aufgeregt wirst, dann musst du etwas an den Bildern ändern, die du dir von deinem neuen Leben machst.

Schmiede aus deinen Träumen Pläne

Wenn *Fühlen* der erste Schlüssel zum Erfolg ist, dann ist der zweite Schlüssel der, die Entscheidung zu treffen, diese Träume auch Wirklichkeit werden zu lassen. Sobald du diese Entscheidung getroffen hast, kannst du dein Wollen in Werden verändern, indem du eine Reihe von Absichten oder Zielen formulierst.

EINE KLARE ABSICHT ÄUSSERN

Stell dir beispielsweise vor, eine deiner Absichten wäre, bis zum Ende des Jahres eine Beziehung zu manifestieren. Du möchtest Weihnachten gern mit einem Partner verbringen. Auf lange Sicht möchtest du dich häuslich niederlassen und eine Familie gründen. Der erste Schritt, den du machst, um diesem Ziel näher zu kommen, ist, dich bei einer Dating-Agentur anzumelden und wöchentlich an einem Tanzkurs teilzunehmen, um auszugehen und neue Menschen kennen zu lernen. Schreibe deine Absicht auf (auch bekannt als Wunsch an das Universum). Zum Beispiel:

„Meine Absicht ist, bis Weihnachten einen liebenden Partner zu haben."

Nun stelle dir eine bestimmte Szene an genau diesem Tag vor – ein Augenblick in der Zukunft, den du dir ins Gedächtnis einbrennen kannst wie eine Zukunftserinnerung. Beschreibe dies so detailliert wie möglich und sorge dafür, dass du dabei starke positive Gefühle in dir hervorrufst. Zum Beispiel:

„Es ist der 25. Dezember. Ich sitze zu Hause neben meinem Liebsten am Tisch. Ich liebe es, mit diesem Menschen zusammen zu sein. Ich kann das Essen auf dem Tisch riechen und seinen um mich gelegten Arm fühlen. Ich höre, wie er sagt, dass er mich liebt. Ich bin in diesem Augenblick so glücklich. Ich fühle mich so geliebt. Ich fühle mich so liebend. Ich fühle mich so lebendig …."

Beschreibe so genau wie möglich, was du in dieser Szene sehen, fühlen und hören kannst. Dann sage zu dir selbst:

„Danke, dass dies schon in der für mich besten Art und Weise geschehen ist, um ein glückliches, ausgeglichenes Leben zu erschaffen, für alle um mich herum und zum höchsten Wohl aller Betroffenen."

Mache so viele Absichtsbekundungen, wie du brauchst, um die Vision deiner Zukunft völlig auszuleuchten.

Regeln für deine Absichtsbekundungen

♥ Nimm einen Stift und ein Blatt Papier und schreibe deine Absichten auf (damit ist sichergestellt, dass du dich diesen verpflichtet fühlst).

♥ Schreibe deine Absichten in der Gegenwartsform auf, als würde es gerade jetzt geschehen. (So fühlst du, wie deine Absicht real wird.) Siehe es, fühle es, höre es. Schaffe eine emotionale Verbindung dazu.

♥ Sei eindeutig bei dem, was du willst.

♥ Sei dir darüber klar, warum du das willst. (Das hilft dir dabei, dich klar darauf zu konzentrieren, was du kreieren wirst.)

♥ Sei klar darin, dass es für dich – und für jeden, der davon betroffen ist – gut sein wird, dies in deinem Leben zu haben.

♥ Entscheide, was du als Erstes tun wirst, damit dies geschieht (auch wenn das Universum es dir schließlich auf anderem Wege geben wird).

Jetzt kommt es auf dich an

Es reicht nicht, nur darüber nachzudenken, was man will. Die innere Arbeit steht zwar immer an erster Stelle, aber man muss auch im wirklichen Leben aktiv werden, um die eigene Zukunft zu manifestieren.

Wenn du die innere Arbeit abgeschlossen hast, dann festige deinen Glauben daran, dass es geschehen wird, indem du auch im Außen etwas unternimmst. Es kommt dabei nicht so sehr drauf an, was du tust, solange es dich deiner Meinung nach dem näher bringt, was du willst. „Hilf dir selbst, dann hilft dir Gott." Sieh dir deinen Traum an und entscheide dich für einen ersten Schritt.

Nimm dir noch einmal deine Absichten vor. Schreibe jeden Schritt auf, den du tun könntest, um voranzukommen. Damit zeigst du dem Universum, dass es dir ernst ist. Zum Beispiel:

"Ich verpflichte mich dieser neuen Zukunft, indem ich diesen Monat eine Dating-Agentur aufsuche und im September einen Salsakurs belege (beschreibe so genau wie möglich, was du tun wirst). Das ist die Energie und der Einsatz, die ich dem Universum dafür anbiete, dass es meine neue Zukunft manifestiert."

HILF DIR SELBST, DANN HILFT DIR GOTT...

Wenn du in der Lotterie gewinnen willst, musst du dir ein Los kaufen. Wenn du einen tollen Job bekommen willst, dann musst du dich bewerben. Wenn du jemanden kennenlernen willst, dann musst du ausgehen – fang ein paar neue Hobbys an, geh zu einer Dating-Agentur. Es ist nicht so wichtig, was du tust, solange deine Absicht dahinter ist, die Dinge geschehen zu lassen.

Wenn du deine Träume manifestierst, dann kann dies auch über Umwege geschehen. Auf den ersten Blick sieht es dann nicht so aus, als wären sie ein Ergebnis deiner Unternehmungen. Aber nur, weil du etwas unternommen hast, manifestieren sie sich.

MUSS ICH JEDEN SCHRITT KENNEN?

Ich möchte eine Sache klarstellen, die viele Leute verwirrt: Aktiv zu werden heißt nicht, dass du jeden Schritt kennen musst, der nötig ist, damit deine Träume wahr werden. Es ist viel wichtiger, sich wirklich darüber *klar* zu sein, was man will, als darüber, wie man es bekommen könnte. Solange du irgendwie Energie in deine Pläne investierst und dich darauf *fokussierst*, was du willst, wirst du auch Ergebnisse bekommen. Das Universum lässt Wunder geschehen.

VERTRAUE DEM UNIVERSUM

Ok, jetzt sind wir an der Stelle angekommen, wo einige beginnen, zu zweifeln. Manifestation braucht Vertrauen. Du musst *vertrauen* und es dem Universum überlassen, *wie* es dir helfen wird.

Viele Menschen, die mir Briefe geschrieben und von ihren Erfolgen und Problemen mit dem Gesetz der Anziehung erzählt haben, sind zwar so weit gekommen, dass ihnen klar war, was sie wollen, haben dann aber Zweifel bekommen. Sie kehrten zum negativen Denken zurück und zweifelten daran, dass sie ihre Träume verwirklichen könnten. Sie vertrauten nicht darauf, dass die Macht des Universum die Sache in Ordnung bringen würde.

Was macht man in so einem Fall? Ruhig bleiben. Gehe noch einmal zu den Kapiteln 1 und 2 zurück und überlege Folgendes: Bist du noch in irgendwelchen alten Denkmustern verfangen? Hast du dir selbst und anderen für deine erlebten Verletzungen vergeben?

Versuche nicht, negative oder infragestellende Gedanken zu verneinen oder zu verdrängen.

VERMEIDE ES, PROBLEME ZU UNTERDRÜCKEN

Wenn ich sehe, dass Menschen versuchen, ihre wahren Gedanken zu unterdrücken, dann erinnert mich das an die Zeit, als ich in Tokio lebte und dort in den Spielhallen *Moguratati* (Maulwurf-Hämmern) spielte. Man hat ein Brett mit einer Menge Löcher vor sich. Wenn ein Alarm erklingt, dann steckt ein Maulwurf seinen Kopf aus einem der Löcher hervor und man muss ihn wieder reinklopfen. Man weiß nicht, wo sich der Maulwurf zeigt, also muss man die ganze Zeit wachsam sein. Dann steckt mehr als ein Maulwurf den Kopf heraus und das Spiel wird immer schneller und immer mehr Köpfe kommen aus den Löchern hervor.

Negative Gedanken sind diesen Maulwürfen sehr ähnlich – wenn man ihnen ordentlich mit dem Hammer auf den Kopf schlägt, kommen sie nur an anderer Stelle wieder hoch. Sie verschwinden nicht dadurch, dass man so tut, als wären sie nicht existent. Höre also auf, deine Gedanken niederzuknüppeln. Betrachte sie einfach ganz ruhig. Nimm zur Kenntnis, dass es einen Grund gibt, warum sie auftauchen. Sie sagen dir einfach nur, dass sie da sind, so dass du die Chance hast, sie ein für alle Mal loszulassen. Wenn du sie wahrgenommen hast, dann erörtere sie einfach. Hier sind ein paar Fragen, mit denen du beginnen kannst:

Ist diese Denkweise sinnvoll, wenn ich mehr Liebe in mein Leben ziehen will?

Ist diese Denkweise sinnvoll, wenn ich die ganze Liebe, die ich in meinem Leben haben will, anziehen will?

Ist diese Denkweise sinnvoll, wenn ich jeden einzelnen meiner Träume anziehen will, den ich in meiner Liebesliste aufgeschrieben habe?

Ist diese Denkweise sinnvoll, wenn ich jeden einzelnen meiner Träume anziehen will, den ich auf meiner Liebesschatzkarte aufgeschrieben habe?

Wie sähe eine vertrauensvollere Denkweise aus?

Was wäre eine reichere Denkweise?

Was wäre eine glücklichere Denkweise?

Welche Denkweise würde mir helfen, zu erreichen, was ich mir wünsche?

Welche Mittel habe ich schon, um zu erreichen, was ich mir wünsche?

Welche anderen Überzeugungen sollte ich annehmen, um das Leben anzuziehen, das ich mir wünsche?

Welchen Beweis kann ich jetzt finden, der diese Überzeugungen in meinem Leben unterstützt?

Vor allem: Sei einfühlsam mit dir selbst. Konzentriere dich einfach wieder auf das, was du dir wünschst, und stelle dir dein neues Leben vor, als würde es gerade jetzt geschehen. Je ausführlicher du dir dieses Leben ausmalst, desto leichter wird es werden, darauf zu vertrauen, dass es auch tatsächlich geschehen wird.

Warum „Ich will nicht …" dir genau dies beschert

Es gibt eine weitere Falle, in die wir tappen können. Anstatt Zeit darauf zu verwenden, wie wir eine bestimmte Zukunft gestalten können, denken wir darüber nach, wie wir all das vermeiden können, was wir nicht haben möchten.

Wenn du dich nicht besonders glücklich fühlst oder bisher ein bewegtes Liebesleben hattest, dann tappst du schnell in diese Falle. Wie oft erwischst du dich dabei, dass du „Ich will nicht"-Gedanken hast? Zum Beispiel: „Mein Ziel ist, sicherzugehen, dass ich niemals allein oder wieder Single bin." Mit einer negativen Absicht wie dieser, bekommt das Universum von dir das Bild einer armen, unglücklichen Person, wahrscheinlich noch verbunden mit einem ganzen Bündel von Gefühlen. Das Bild und der Gedanke sind so stark, dass das Universum sie laut und deutlich empfängt. Und da das Universum ein verlässlicher Partner ist, tut es sein Bestes, die Absicht, die es für dich gesehen und gespürt hat, zu erfüllen. Das Ergebnis ist, dass du unweigerlich mehr „Unglücklichsein und Einsamkeit" auf dich ziehst.

Wenn du dich dabei erwischst, dass du „Ich will nicht"-Gedanken hast, überlege dir, wie du sie in eine positive Aussage umformulieren kannst. Zum Beispiel: „ Ich möchte einen Liebespartner bis dann und dann haben." Oder: „Mein Ziel ist, mich zweimal in der Woche mit Freunden zum Essen zu verabreden."

Manifestationsverstärker

Wenn du die eigenen Glaubenssätze änderst, dann stärkt das deine eigene magnetische Kraft, so dass du ganz einfach Liebe anziehen kannst. Wenn du deine Gedanken änderst, dann änderst du deine energetische Schwingung. Je positiver deine Schwingung ist, desto leichter wird es für dich sein, deine Träume einzuladen und sie zu deiner neuen Wirklichkeit werden zu lassen.

Es gibt etliche andere Wege, wie du deine Anziehungskraft stärken kannst. Hier zwei weitere, die sich als sehr wirksam erwiesen haben: die Lacher-Methode und die „Tun als ob"-Taktik.

DIE LACHER-METHODE

Das ist so ziemlich das Einfachste, was du tun kannst. Das spirituelle Universum ist eine sehr leichte, glückliche Schwingung. Wenn du Glück manifestierst, dann verbindest du dich durch deine Gedanken mit dem Universum. Wenn du leicht und glücklich sein kannst, während du an das denkst, was du wie ein Magnet zu dir ziehen willst, dann wirst du damit sehr erfolgreich sein. Alles, was du tun musst, ist glücklich zu sein. Schon etwa 30 Minuten konzentrierten Glücksgefühls reichen aus, deine Schwingungen auf das richtige Niveau zu bringen.

Meine Vorschläge:

♥ Schau dir eine lustige Komödie im Fernsehen oder auf DVD an.

♥ Tanze zu irgendeiner Musik durch die Gegend.

♥ Spiele zusammen mit Kindern ein albernes Spiel oder spiele, als wärst du noch ein Kind.

Sobald du damit fertig bist, stellst du dir deine Zukunft vor, als würde sie dir gerade widerfahren.

SO TUN ALS OB...

Wenn du so tust, als wäre etwas wahr, dann wird es auch häufig wahr. Benimm dich so, als wärest du liebenswert und die Menschen werden auf dein verändertes Verhalten reagieren. Deine Schwingungen sind dann anders. Deine Körpersprache ändert sich. Du siehst glücklicher aus. Und fühlst dich wirklich glücklicher. Und weißt du was? Die Menschen suchen deine Nähe. Es macht mehr Spaß, in deiner Nähe zu sein. Am Ende bekommst du mehr Liebe in deinem Leben. Und weil du mehr Liebe bekommst, fühlst du dich liebenswerter. Du gibst Liebe und bekommst sie zurück. Es ist ein sich selbst bedingender Kreislauf.

Zunächst hast du wahrscheinlich das Gefühl, du würdest schauspielern, aber je mehr du etwas machst, desto mehr wird es dir zur Angewohnheit und bald ist es ein völlig unbewusstes Verhalten. Nicht lange und es fühlt sich gar nicht mehr geschauspielert an, es wird vielmehr ein Teil deiner Persönlichkeit.

Sag Danke

Und zu guter Letzt vergiss nicht, dich schon einmal im Voraus beim Universum für das, was es in dein Leben bringen wird, zu bedanken. Wir bedanken uns, weil in einem Teil des Universums der Wandel bereits begonnen hat. Deine Dankbarkeit im Voraus auszudrücken, zeigt dem Universum, dass deine Überzeugungen völlig darauf vertrauen, dass du es schaffen kannst, diesen Wandel auch zu manifestieren.

Und dann gib Acht! Solange du weitermachst und dich auf das konzentrierst, was du dir wünschst, wird dir das Universum das liefern, was du brauchst, um auf dem rechten Weg zu bleiben.

DAS WESENTLICHE

Wie sieht deine Zukunftsvision aus? Wie oft setzt du dich hin und denkst wirklich darüber nach, wie das Leben aussehen soll, das du dir erschaffen möchtest? Wir sind Mit-Schöpfer unserer Zukunft! Wenn du dir Mühe gibst und dich konzentrierst, dann hilft dir das Universum, indem es dir Menschen und Gelegenheiten schickt, dein Leben zu ändern. Ein Mit-Schöpfer zu sein gibt dir Macht und Verantwortung. Du kannst mehr von dem in dein Leben bringen, was du haben willst, und weniger von dem, was du nicht willst. Alles beginnt damit, eine deutliche und lebendige Vision deiner Zukunft zu erschaffen.

Nimm dir die Zeit, wirklich über das Liebesleben nachzudenken, das du haben möchtest. Richte deinen Blick auf das, *was* du willst, nicht so sehr darauf, *wie* du es bekommen wirst. Lass das *Wie* mal einen Augenblick beiseite. Das Universum wird sich darum kümmern, wenn es soweit ist. Je klarer deine Vision ist, desto besser. Wie klar sind die Bilder, die du von diesem Leben hast? Kannst du dir Fotos zusammensuchen, die dir helfen, das zu visualisieren? Bunte, helle Fotos sind für den Geist anregender und leichter zu merken.

Um deine Vision zu verfeinern, hilft es, dich selbst zu fragen, *warum* du diese Zukunft willst. Dann nimm alles heraus, was dir nicht wirklich wichtig ist. Nimm deine Empfindungen als Richtlinie, die dich auf dem richtigen Weg hält, so dass du nur um das bittest, was du wirklich willst.

Eine klare Vision ist der erste Schritt auf dem Weg zum dem, was du willst. Danach kannst du Taten folgen lassen, eine nach der anderen, um die Vision zu erschaffen. Du musst nicht den ganzen Weg sehen können, der dich ans Ziel führt, aber einzelne Schritte zeigen dem Universum, dass es dir ernst damit ist, dieses neue Leben zu gestalten. Mit jedem Schritt bleibst du bei dem, was du willst, und vertraust darauf, dass das Universum am besten weiß, wie es dir helfen kann, diese glückliche und liebevolle Zukunft zu bekommen.

MEINE NOTIZEN

KAPITEL 5

Träume deine Zukunft

'ALLES, WAS WIR SEHEN ODER SCHEINEN, IST
NICHTS ALS EIN TRAUM IN EINEM TRAUM.'

EDGAR ALLAN POE

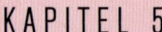

Wenn du erst einmal das Gefühl kennen gelernt hast, dich selbst zu lieben und von einer anderen Person geliebt zu werden, dann möchtest du dies nicht mehr missen. Die Liebe anziehen ist nichts, was man einmal macht und dann vergisst. Es geht um eine veränderte Lebensweise. Neue Angewohnheiten, aber auch die nächtlichen Träume, können helfen, deinen „Liebesstatus" aufrechtzuerhalten.

Das Gesetz der Anziehung hört nicht einfach auf, weil man schläft. In vielen spirituellen Traditionen ist dies sogar der beste Zeitpunkt, ein neues Leben anzuziehen, weil man das Bewusstsein beiseite lassen und spirituelle Helfer kontaktieren kann, die dabei helfen, das Leben dauerhaft zu verändern.

In diesem Kapitel lernst du:

- ♥ Mit deinen eigenen Träumen zu arbeiten, um zu erkennen, wo du im Leben stehst.

- ♥ Einen Traumfänger zu basteln.

- ♥ Wie du Tagträume nutzt, um die Verbindung zum spirituellen Universum zu verstärken.

- ♥ Zu meditieren.

Traumleben

Das Zitat von Edgar Allan Poe über den Traum in einem Traum ist etwas, das viele spirituelle Traditionen weltweit so kennen – das alltägliche Leben als eine Form des Traums. Auch wenn man schläft, lebt man sein Leben innerhalb des Universums, denn nur der bewusste Teil von uns schläft ein. Im materiellen Universum ist das Leben an die Gesetze von Zeit und Raum gebunden. In den anderen Schwingungen des Universums gibt es jedoch keine Zeit und keinen Raum: kein jetzt und kein früher, keine Gegenwart und keine Zukunft. Es gibt nur das, was man „unendliche Realität" nennt – das „du", das nicht in einem physischen Körper steckt.

Wenn das Leben nur ein anderer Traum ist, ist es dann nicht logisch, dass die Träume nur ein anderer Teil des Lebens sind? Träume verbinden uns mit dem spirituellen Universum: ein Kanal, zwischen dieser Welt und der Welt, die wir nicht sehen können, wo aber unsere nicht-physischen Körper leben. Du kannst aktiv mit deinen eigenen Träumen arbeiten, die eigenen Blockaden heilen und so die Liebesanziehungskraft zu aktivieren und zu verstärken.

SCHLAF

Alte spirituelle Traditionen sehen im Schlaf den Urzustand, aus dem wir alle kommen. Bevor wir in einen physischen Körper auf der Erde geboren werden, sind wir in einem natürlichen Schlafzustand – ohne Augen, Ohren, Nase, Zunge und Tastsinn. Im Schlaf kehren wir dorthin zurück, wo wir herkommen. Wir verbinden uns wieder mit der unsichtbaren Welt des Universums.

Der Mensch schläft etwa ein Drittel seines Lebens. Das sind im Durchschnitt 25 Jahre, die wir nicht im wachen Zustand verbringen. Wir träumen nicht die ganze Zeit des Schlafens , aber Untersuchungen haben ergeben, dass wir mindestens 10 Jahre unserer Lebenszeit damit verbringen, zu träumen.

Arbeite mit deinen Träumen

Jeder von uns träumt. Einige scheinen mehr als andere zu träumen, aber nur, weil sie sich besser an ihre Träume erinnern können. Wenn du dich nicht regelmäßig an deine Träume erinnern kannst, dann mach dir keine Sorgen. Das ist etwas, dass du mit ein wenig Übung lernen kannst.

Träume funktionieren auf zwei Ebenen. Im Großen und Ganzen gibt es zwei Arten von Träumen:

a) objektive Träume: ein psychischer Traum über ein reales Ereignis

b) subjektive Träume: persönliche Träume, die uns einen Einblick in unsere aktuelle Entwicklung und Gedankenwelt geben

Träume zeigen uns, entweder durch Symbole oder Bilder, womit wir gerade beschäftigt sind. Sie sprechen in Bildern und Vorstellungen zu uns, weil ein Bild eine stärkere Darstellung ist, als es ein Wort je sein könnte. Manchmal ist das Bild eindeutig und leicht zu interpretieren, aber manchmal macht es auf den ersten Blick gar keinen Sinn.

Gleichzeitig sind Träume ein direkter Kanal für das spirituelle Universum, um mit uns kommunizieren zu können. Nachts, wenn wir schlafen, gibt es quasi eine direkte Telefonverbindung zwischen dem unbewussten Selbst, dem höheren Selbst und dem ganzen unsichtbaren Universum, ohne dass das Bewusstsein dem in die Quere kommen kann.

Dein Geist weiß, dass das Universum voll von unendlichen Möglichkeiten ist. Jede Quelle, die du benötigst, um eine Lösung zu finden, wird dir zur Verfügung stehen. Dies geschieht nachts, mit deinem Unbewusstsein. Träume helfen dir dabei, Missverständnisse bezüglich deines Selbst zu erkennen – unterschiedliche Facetten deines Selbst mit deinen Ängsten, Hoffnungen und allen weiteren Emotionen.

KREATIVES TRÄUMEN

Kreatives oder luzides Träumen ist eine Möglichkeit, mit den eigenen Träumen zu arbeiten und zu erkennen, wo du in deinem Leben gerade stehst. Es kann dir Zugang zu der Weisheit deiner Helfer und deines höheren Selbst ermöglichen. Schamanen beherrschen diese Art des Träumens, wobei es sich um ein absichtliches Träumen handelt, bei dem man die Kontrolle darüber behält, wie der Traum aussehen wird. Luzides Träumen ist der allgemeinere Begriff – ich finde „kreatives Träumen" schöner, weil er betont, dass du deinen Traum kontrollieren und ihn willentlich kreativ nutzen kannst. In einem luziden Traum bist du dir, während du träumst, bewusst, dass du träumst. Wachst du währenddessen auf, kannst du den Traum so lenken, wie du es wünschst.

Du kannst diese Technik erlernen, um in deinen Träumen Selbsterkenntnis zu finden und negative Gefühle zu klären, während du dich auf deiner Reise zu mehr Liebe befindest.

Das Gesetz der Anziehung und die Träume

Das Gesetz der Anziehung hilft dir dabei, das in dein Leben einzuladen, worauf du dich auf allen Ebenen deines Seins fokussierst, egal ob du wach bist oder schläfst. Sobald du beginnst, mit deinen Träumen zu arbeiten, bekommst du einen Einblick, was in deinem Leben vor sich geht, ein Gespür für Menschen, die du triffst, und Ereignisse, die du erlebst, sowie für alles andere, was noch geheilt oder gelöst werden muss.

Die Traumarbeit gibt dir Hinweise darauf, was du unbewusst denkst, und du wirst Probleme lösen können, die ganz tief sitzen. Gleichzeitig hilft sie dir dabei, täglich mit deinem höheren Selbst zu kommunizieren, um jeden Tag Liebe zu spüren.

Träume sind Quellen größter Weisheit. Indem du dir deiner nächtlichen Traumreisen bewusst wirst, kannst du dich täglich auch in deinem Wachzustand auf eine höhere Führung verlassen.

Es gibt zwei Möglichkeiten, wie du die Träume für dein Liebesprojekt nutzen kannst: Traumdeutung und die RISC-Technik.

METHODE 1: TRAUMDEUTUNG

Diese Methode benutzt Träume als ein Guckloch in die innere Welt. Das bewusste Sicherinnern an Träume zeigt, wo man sich auf seinem Weg – von Verletzungen oder alten Mustern hin zur Liebe – gerade befindet. Träume können dir dabei spezielle Aspekte aufzeigen, die noch gelöst werden müssen, bevor du den nächsten Schritt machen kannst. Sie zeigen dir sowohl das Problem als häufig auch die Lösung. Träume weben aus deinen Alltagserfahrungen und Vorstellungen eine Geschichte, um dich so auf bestimmte Belange aufmerksam zu machen.

Es ist ganz leicht, mit den eigenen Träumen zu arbeiten, indem man aufmerksam ist. Einer meiner spirituellen Lehrer sagte einst zu mir: „Wenn du den Dingen nicht Aufmerksamkeit schenkst, dann wird vieles verschenkt sein." (Und Schmerz und Leid sein, denke ich!) Man kann es auch anders formulieren: Sobald du deinen Träumen Aufmerksamkeit schenkst, wird dir das spirituelle Universum helfen und dir Traumbotschaften schicken, wie du ein Problem lösen und mit deinem Leben vorankommen kannst.

Es gibt viele Bücher über Traumsymbole und deren Deutung. Einige Symbole können eine ganz persönliche Bedeutung haben, andere sind Archetypen und haben eine universelle Bedeutung. Wenn du beispielsweise von einem Haus träumst, dann deutet man dies in der Regel als das „Selbst". Solche universellen Bedeutungen kannst du in Traumdeutungsbüchern nachlesen, aber vergiss nicht, dass einige Symbole auch individuelle Bedeutungen für dich haben. Eine bestimmte Person in deinem Traum repräsentiert einen Teil deiner Persönlichkeit, derer du dir bewusst bist oder auch nicht. Taucht im Traum ein dominanter Charakter auf, dann macht es Sinn, sich über die Eigenschaften dieser Person Gedanken zu machen. Wie spiegeln sie Aspekte deines Selbst wider? Du bist Dir vielleicht unsicher, weil sich etwas spiegelt, dessen du dir nicht bewusst bist. Lasse dann die Frage offen, bis dir dein Unbewusstsein einige Hinweise gibt.

Denke nacheinander über jeden Teil des Traums eine Weile nach. Was bedeutet jedes Ereignis oder Bild für dich? Manche Träume zeigen unsere Ängste, andere unser Verlangen. Welche Idee verbindest du am meisten mit einem bestimmten Bild? Ich verbinde zum Beispiel Wasser mit dem Fließen der Gefühle. Ein tropfender Wasserhahn heißt für mich also, dass Gefühle heraustropfen, wenn ich versuche, sie zu unterdrücken. Ein Baby symbolisiert für mich den Teil von mir, der unterentwickelt ist und Schutz braucht. Ein schnelles Auto ist eine Methode, irgendwo hinzugelangen. Eine Schule ist nicht nur das Symbol dafür, etwas zu lernen, sondern auch ein Ort mit Regeln und Beschränkungen, aber vielleicht auch Sicherheit und Schutz.

Lass dir deine persönlichen Assoziationen zu jedem Bild bewusst werden und wenn du nicht sicher bist, dann bitte um einen weiteren Traum, der klären soll, was dir noch nicht deutlich geworden ist.

Träume mit Absicht

♥ Lege Stift und Papier neben deinem Bett bereit. Nimm dir vor, bevor du schlafen gehst, dass du davon träumen wirst, was immer du wissen möchtest. Hier ein paar Beispiele, welche Absichten du formulieren könntest: „Ich nehme mir vor, über alles zu träumen, was mich davon abhält, gerade jetzt eine glückliche Beziehung zu führen." „Ich nehme mir vor, davon zu träumen, wie ich diese Blockade(n) überwinden kann." „Ich nehme mir vor, davon zu träumen, welche Aktionen genau jetzt sinnvoll wären, die mein Leben Richtung Liebe voranbringen – zu meinem besten Wohl."

♥ Sobald du dem Traum eine Absicht gewidmet hast und du die wichtigsten Teile des Traums erinnern willst, wird dein Unbewusstsein erkennen, dass es dir ernst damit ist und umso wahrscheinlicher wirst du dich am nächsten Morgen beim Aufwachen erinnern können.

♥ Schreibe so viel wie möglich von deinem Traum auf, sobald du wach bist. Achte auf die Geschichte, die Charaktere, die Orte, die Ereignisse und vor allem auf die Gefühle, die der Traum in dir zurückgelassen hat. Wenn du dieses Gefühl spürst, dann erschließt sich dir die Bedeutung oft ganz intuitiv.

METHODE 2: DIE RISC-TECHNIK

Wenn du beginnst, klarer zu sehen und die alten Glaubensmuster entwirrst, die dich früher davon abgehalten haben, Liebe anzuziehen, wirst du bemerken, dass deine Träume ganz von selbst lebhafter werden. Das ist ein gutes Zeichen dafür, dass du dich mitten in einem Übergang befindest. In deinen Träumen bemühen sich dein höheres Selbst und dein Unbewusstsein, alles zu lösen, was noch nicht geklärt ist. Es ist schön, zu sehen – sogar in einem unangenehmen Traum –, dass dein höheres Selbst dir zeigt, was du bereit bist, zu lösen.

Bei einem Traum, der negative Gefühle in dir zurücklässt, kannst du die von Dr. Rosalind Cartwright entwickelte, sehr effektive und weit verbreitete RISC-Technik nutzen. Sie besteht aus vier Schritten:

R = Recognize (begreifen)
Erkenne, wenn du einen Traum hast, der ein negatives Gefühl in dir zurücklässt. Du wachst zum Beispiel mit einem Gefühl von Angst, Furcht oder Stress auf.

I = Identify (erkennen)
Denke an die Charaktere und die Geschichte deines Traums. Was genau war an dem Traum so emotional oder verwirrend, dass du dich so unwohl fühlst?

S = Stop (stoppen)
Ist man mit dem luziden Träumen vertraut (Seite 106), dann ist es recht einfach, einen Traum in dem Moment abzubrechen, in dem er unangenehm wird. Sobald du dir der negativen Gefühle bewusst wirst, weckst du dich entweder selber auf oder änderst die Handlung deines Traums.

C = Change (ändern)
Du kannst die Handlung deines Traums ändern und kannst auch das, was du über deinen Traum denkst, wenn du aufwachst, umformen. Am einfachsten ist es, einen Traum zu beenden, indem man sich im Bett umdreht. Das luzide Träumen scheint leichter zu sein, wenn man auf der rechten Körperseite liegt. Drehe dich also nach links und die Handlung wird sich ändern. Wenn du wach wirst, dann kannst du dir vorstellen, wie du die Geschichte gerne fortgesetzt hättest und das neue Ende durchspielen. Fühlst du dich zum Beispiel in einem Traum schwach oder hilflos, dann machst du dich stark und aktiv. Steh für dich selbst ein.

Mit dieser Technik, regelmäßig angewendet, verhinderst du, dass die gleichen Träume immer wiederkehren – aber vor allem hilft sie dir dabei, tief sitzende emotionale Probleme aufzulösen.

Liebestraumfänger

Traumfänger sind schamanische Schutzobjekte. Sie sind uramerikanischen Ursprungs. Man hängt sie über das Bett, damit sie dort wie ein Spinnennetz die schlechten Träume fangen. Der Traumfänger soll dafür sorgen, dass nur die guten Träume in den Geist gelangen, und er schützt generell vor negativen Energien.

Ein Traumfänger, den man selbst bastelt, ist weitaus mächtiger als ein gekaufter. Wie bei jedem anderen spirituellen Hilfsmittel oder Ritual geht es auch hier darum, die Absicht, alte Dinge im Leben loszulassen und sie durch Neues zu ersetzen, mit etwas zu verknüpfen.

Dein Traumfänger, der über dem Bett hängt, ist abends das Letzte, was du siehst, und morgens das Erste, auf das du schaust – ein Symbol des neuen Du. Ich selbst besitze zwei Traumfänger. Einer wurde extra von Hand für mich gefertigt, mit kleinen Rosenquarzsteinen, und den anderen habe ich selbst gemacht. In dem sind verschiedene Federn und Steine eingeflochten, die für mich von besonderer Bedeutung sind.

Einen Liebestraumfänger selber basteln

Bastle dir selbst einen Traumfänger, dann hast du ein weiteres Mittel zur Hand, um dank des Gesetzes der Anziehung die Liebe in dein Leben zu holen. Entweder biegst du einen Metallbügel zu einem Kreis oder kaufst einen größeren Metall- oder Holzring aus dem Bastelladen. Das wird der äußere Teil deines „Spinnennetzes".

♥ Nimm ein Band oder Lederriemen und klebe das Ende an den Ring, dann wickle das Band fest um den Ring herum, bis dieser vollständig bedeckt ist. Klebe das Ende des Bandes fest, damit alles gut hält.

♥ Dann nimmst du ein festes Garn und bindest ein Ende an den Ring. Das Garnnetz entsteht nun durch halbe Knoten, die in gleichmäßigen Abständen um den Ring herum gebunden werden. Dazu nimmst du das Garn, bindest es um den Ring und ziehst es wieder durch die Stelle zwischen Garn und Ring zu dir hin. Halte das Garn zwischen den Knoten gespannt, arbeite den ganzen Ring entlang und verteile die Knoten gleichmäßig – mit ungefähr 2,5 cm oder 5 cm Abstand voneinander.

♥ Währenddessen kannst Du kleine Perlen oder Steine auf das Garn ziehen, wenn dir das gefällt. Ich schlage Bergkristall, Türkis oder Rosenquarz vor, diese Steine bedeuten Liebe und Schutz.

♥ Wenn die äußere Reihe fertig ist, geht es an die innere Reihe, indem man je einen Knoten zwischen zwei Knoten aus der oberen Reihe knüpft. Mache so weiter, bis in der Mitte nur noch ein kleiner Kreis übrig bleibt. In diesen zentralen Punkt kannst du eine Feder oder Muschel platzieren, dann das Garn festbinden oder festkleben, damit alles gut hält.

♥ Um den Traumfänger fertig zu stellen, bindest du eine Federquaste dort an den Ring, wo das untere Ende sein soll, wenn du dein Werk aufhängst. Nimm ein Stück Garn oder ein Lederband und binde Federn oder Perlen daran und befestigst es an dem Ring. Zum Schluss machst du oben eine Lederschlaufe an dem du dein Kunstwerk aufhängen kannst.

♥ Nun brauchst du noch eine Absichtserklärung für den Traumfänger. Nimm dir Zeit und setz dich hin. Entscheide, dass dies ein Hilfsmittel sein wird, um nutzlose energetische Gedankengänge für immer aus deinem Leben zu entfernen, die dich bisher daran gehindert haben, Liebe im Überfluss zu erfahren. Formuliere deine Absicht, dass dies ein Instrument sein wird, das dir, mithilfe deines höheren Selbst und spirituellen Führern, in deinen Träumen Heilung bringt, so dass du dich für die Liebe öffnen und all die Liebe erhalten kannst, die im Leben verfügbar ist.

♥ Dann hängst du den Traumfänger über dein Bett.

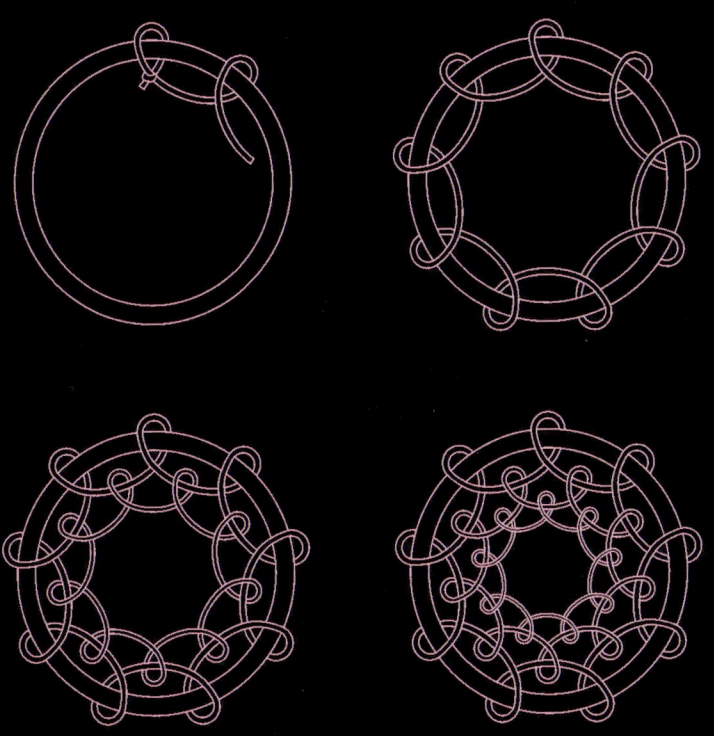

Tagträume

Du hast noch mehr Kontrolle über deine Liebesträume, wenn du nicht nur nachts, sondern auch am Tage träumst.

Viele spirituelle Traditionen nutzen Träume nicht nur um Antworten auf Fragen des Lebens zu finden. Sie verändern einige Bewusstseinszustände gezielt so, dass sie traumähnlich werden und somit eine höhere Ebene des Universums, außerhalb der Beschränkungen durch Zeit und Raum, erreichen, um dort Weisheit und Führung zu erlangen. In alten Kulturen, wie in Babylon, konnte man durch Träume Botschaften von den Göttern erhalten. Durch Träume und Bewusstseinsveränderungen ließ sich die Zukunft vorhersagen oder der göttliche Wille verstehen. Die Schamanen der amerikanischen Ureinwohner verändern ihren Bewusstseinszustand gezielt, um mit den feinen Energien der Seelentiere und Führer zu kommunizieren. In einigen Traditionen nimmt man natürliche Drogen, um in Trance zu fallen; andere trommeln, um ekstatische Zustände hervorzurufen, einige beschränken sich auf verschiedene Formen der Meditation.

Alles hat den gleichen Effekt, nämlich aus dem normalen Wachszustand an einen Ort hinauszutreten, wo sich die Gehirnwellen so wie im Schlaf verlangsamen, zu Alpha-Wellen oder den noch langsameren Theta-Wellen.

Wenn das geschieht, dann ändert sich deine Schwingung und du öffnest einen Kanal zwischen deinem bewussten und deinem unbewussten Geist, aber auch zwischen deinem unbewussten Geist und deinem höheren Selbst und deinen geistigen Führern. So wird der Fluss der Botschaften zwischen den höheren Gefilden des Universums und dem Du, das in der materiellen Welt lebt, leichter.

MEDITATION UND TRANCE

Ich fand den Begriff Meditation immer etwas entmutigend. Als ich jünger war, dachte ich, Meditation wäre eine ziemlich komplizierte Sache, für die man jahrelang üben müsste. Das lag wohl an all den Bildern von Zen-Mönchen, die mit gekreuzten Beinen still dasitzen, und an den horrenden Preisen, die manche Institute für ihre Meditationskurse verlangen.

Du musst nicht außergewöhnlich gut trainiert oder entwickelt sein, um zu meditieren oder in Trance zu fallen. Als ich zur Hynpotherapeutin ausgebildet wurde und mit Selbst-Hypnose begann, sah ich, dass dies nicht viel anders ist als das, was ich in Japan im Ryoanji Zen Meditationszentrum gemacht hatte.

Es gibt unterschiedliche Formen der Trance. Tagsüber befinden wir uns immer wieder in sanften Formen einer Trance. Wenn ich beispielsweise mit dem Auto fahre, dann komme ich am Ziel an, bin aber gefahren, ohne wirklich darüber nachzudenken, was ich tue. Das ist eine Form der Trance. Sich ganz tief zu entspannen, während man in seinem Lieblingssessel sitzt und einem wunderbaren Stück klassischer Musik lauscht ist eine Form der Trance. Tagträume sind Trance. Dieser Zwischenzustand, wenn man morgens nicht mehr schläft, aber auch noch nicht richtig wach ist, ist eine Form der Trance.

„Meditation" bedeutet, „ins Zentrum gehen". Wenn man meditiert, dann ändert sich der Fokus, und das kann man lernen.

Viele bevorzugen die östliche Form der Meditation, wo man mit geradem Rücken auf einem Stuhl oder im Schneidersitz ruhig dasitzt und sich nur auf eine Sache konzentriert und alle anderen Gedanken, die sich ins Bewusstsein schieben, weiterziehen lässt.

Ich persönlich bevorzuge eine fokussierte Trance, die aktive Meditation, bei der man in der schamanistischen Tradition im Hintergrund einen Klang oder Musik ertönen lässt. Man kann dabei sitzen oder liegen. Es gibt geführte schamanistische Heil-Trancen zu kaufen, oder du wählst selbst ein ruhiges Musikstück dazu aus.

Wenn du dich problemlos entspannen kannst, dann kannst du um ein Treffen mit deinen Führern bitten, damit sie dir während deines Trancezustands Botschaften schicken mögen. Denke daran, dass die Botschaften, die du erhältst, in Form eines Symbols oder Bildes in deinem Geist aufblitzen können. Wenn du aus der Meditation heraustrittst, dann richte deinen Geist sanft auf das, was du erhalten hast, bis sich dir die Bedeutung der Botschaft erklärt.

Lerne zu meditieren

♥ Setz dir ein Zeitlimit. Ich würde mit 15 Minuten anfangen und im Laufe der Zeit auf 30 Minuten erweitern.

♥ Suche dir einen Ort für deine Meditation, an dem du nicht gestört wirst.

♥ Setze dich mit geradem Rücken auf einen Stuhl. Die Beine sollten nicht übereinander geschlagen sein. Das ist die ideale Meditationsposition, denn so öffnet sich der Energiekanal des Rückgrats, das als Lotse dient und eine stärkere Vibrationsenergie aus dem Universum in diese Welt holt. Schließe deine Augen und nimm einen tiefen Atemzug. Lass die Luft durch deinen Mund einströmen. Entspanne deinen Körper. Deine Arme ruhen in deinem Schoß, deine Beine sinken entspannt in den Boden.

♥ Mach dir deine Absichten klar, bevor du die Augen schließt. Was willst du während der Meditation heute lernen? Oder möchtest du nur sehen, was dir dein Unbewusstsein enthüllt? Beides ist in Ordnung. Dein Unbewusstsein wird dir helfen, dir die Antworten auf spezielle Fragen bewusst zu machen, oder es wirft Bilder auf, die dir bei deinem Weiterkommen helfen.

♥ Nun nimm zwei tiefe Atemzüge und atme durch den Mund aus. Fühle beim Ausatmen, wie jede Anspannung von deinem Körper abfällt. Du kannst zu dir sagen: „Wenn ich ausatme, dann fließen Anspannungen, Sorgen und der Stress des Tages in den Boden. Ich bin völlig entspannt."

♥ Spüre, wie deine Augenlider schwer werden. Öffne sie langsam, dann schließe sie wieder und spüre, welche Erleichterung es ist, sie wieder schließen zu können. Lass dich tiefer in die Entspannung hineinfallen – dieser wunderbare Zustand einer Tagtraummeditation.

♥ Nun stell dir vor, dass vor dir ein Aufzug ist. Du betrittst den Aufzug und siehst, dass es zehn Stockwerke gibt. Du befindest dich gerade im zehnten Stock. Du kannst den Knopf mit der „1" drücken und so bis ganz unten fahren. Während der Aufzug hinunterfährt, siehst du die Nummern 10, 9, 8, 7, 6, 5, 4, 3, 2, 1 leuchten.

♥ Du kommst in den 1. Stock. Du siehst vor dir eine Tür, die zu einem gegenüberliegenden Raum führt. Das ist dein Entspannungsraum. Dort befindet sich ein Bett und alles sieht sehr gemütlich aus. Betritt den Raum, lege dich hin und entspanne dich völlig.

♥ Bleibe an diesem Ort zunächst etwa fünf Minuten (du kannst die Zeit verlängern, wenn du geübter bist).

♥ Wenn du herauskommen möchtest, betrete wieder den Aufzug und drück den Knopf zum 10. Stockwerk. Sieh, wie die Nummern bis zur 10 aufsteigen. Im 9. Stock fühlst du, wie die Energie langsam wieder in deinen Körper zurückkehrt. Im 10. Stock angekommen nimmst du einen tiefen Atemzug. Öffne die Augen und kehre langsam wieder zu deinem Bewusstsein zurück. Spüre, wie die Energie in deine Arme und Beine, Augen und Mund, Kopf und Nacken wiederkehrt. Fühle, wie sich dein Atem wieder normalisiert. Werde wach und wenn du bereit bist, steh auf.

DAS WESENTLICHE

Nachts kann dein bewusster Geist zurücktreten und einer kraftvollen Verbindung zum Universum Platz machen. Träumen ist für dich ganz normal, aber du hast wahrscheinlich nie daran gedacht, dass deine Träume dir helfen können, die Liebe zu finden. Mache dir bewusst, was du nachts träumst. Das spirituelle Universum schickt in deinen Träumen Nachrichten, um dir bei deiner persönlichen Entwicklung und im Alltagsleben behilflich zu sein.

Wenn du für einen ganz bestimmten Aspekt deines Lebens Hilfe erbitten möchtest, also wissen möchtest, ob es eine Blockade gibt oder wie du diese überwinden kannst, dann praktiziere das luzide Träumen. Nutze die Träume bewusst, um mehr über deinen Fortschritt in Sachen Liebe zu entdecken. Meditation ist eine Form des Tagträumens, die dich ebenfalls mit dem Universum verbindet, das dir seine Weisheit schenkt. Du kannst die Symbole, die du während der Meditation siehst, genauso interpretieren wie das, was du in deinen Träumen siehst.

Meditieren hilft dir dabei, feinfühliger gegenüber anderen Energien innerhalb des Universums zu werden und verstärkt die Übungen, die du in den nächsten beiden Kapiteln kennenlernen wirst.

MEINE NOTIZEN

KAPITEL 6

Liebesrituale

'ES IST KEIN WUNDER, IN DEN HIMMEL
ZU FLIEGEN ODER AUF DEM WASSER ZU WANDELN,
SONDERN AUF DER ERDE ZU GEHEN.'
CHINESISCHES SPRICHWORT

♥

Dieses Kapitel beschreibt einige einfache Liebesrituale. Spirituelle Rituale und Zeremonien sind eine
Möglichkeit, sich mit dem heiligen und göttlichen
Universum zu verbinden. Sie werden in vielen
spirituellen Traditionen genutzt, um den Glauben
zu festigen, dass das, was man sich wünscht, auch
tatsächlich eintreten wird.

Wenn du ein Ritual durchführst, dann stellst du symbolisch deine
neue Zukunft dar. Du zeigst dem Universum, was du in deinem
Leben bewerkstelligen willst, indem du deine Aufmerksamkeit auf
ein Symbol für dieses neue Leben richtest. Ein wohl überlegtes und
fokussiertes Ritual verstärkt die Energien deiner Absichten.

In diesem Kapitel lernst du:

♥ Ein liebevolles Zuhause zu schaffen.

♥ Einen eigenen Liebesaltar zu gestalten.

♥ Die Kraft der Pflanzen, Düfte und Kristalle zu nutzen
um die Liebe einzuladen.

Ein liebevolles Zuhause gestalten

Dein Zuhause kann ein lebendes Ritual und kraftvolles Symbol der Liebe sein. In den vergangenen zehn Jahren sind Geomantie und Feng Shui im Westen recht bekannt geworden. Wir verstehen jetzt, was die Chinesen und andere Kulturen schon seit hunderten von Jahren wissen, nämlich dass die Anordnung unseres physischen Raums Einfluss auf unser Leben hat.

Ich habe einige Jahre im fernen Osten gelebt und in einem der Büros, in denen ich arbeitete, hatte eine wohlhabende Kollegin einen Feng-Shui-Berater engagiert, sich die Einrichtung des Büros einmal anzusehen und ihr zu sagen, wo sie den Schreibtisch am besten hinstellen sollte, damit sie viel Geld verdiene. Ich erinnere mich, dass ich damals sehr skeptisch war, lernte aber, Feng Shui ernst zu nehmen, als diese Kollegin Millionen verdiente! Ein Wendepunkt für mich war der Zeitpunkt, als ich in ein Appartement zog, in dem sowohl die Liebes- als auch die Reichtumsecke fehlten. Sechs Monate nach dem Umzug hatte ich meinen gut bezahlten Job aufgegeben und mich von meinem Partner getrennt. Ein Freund von mir, der sich mit Raumklärung auskannte, warf einen Blick auf meine Wohnung und meinte, dass dringender Handlungsbedarf bestünde. Das Verrückteste aber geschah unmittelbar danach: Ich kam nach Hause und fand mitten auf dem Boden eine Wasserpfütze vor. Eine alte abgetrennte Wasserleitung in der Decke, wahrscheinlich älter als 50 Jahre, hatte sofort nach der Raumklärung ihr Wasser verloren. Seitdem habe ich es oft erlebt, dass irgendwo in meiner Wohnung Wasser austritt, wenn sich alte, feststeckende Energien lösen. Innerhalb eines Monats nach der Raumklärung hatte ich einen neuen Job und ein paar Monate später eine neue Beziehung.

Ob du dich nun tiefer gehend mit diesem Thema befassen möchtest oder nicht – ich denke doch, dass die meisten eingestehen müssen, dass der Raum, in dem wir leben und arbeiten, einen großen Einfluss auf unsere Stimmung und allgemeinen Gefühle hat. Das Zuhause ist ein Spiegel des Selbst.

DIE ENERGIE DEINES HEIMS

Wenn du dich in deinem Zuhause umsiehst, was fühlst du? Ist es voll mit Dingen, die du gerne anschaust? Hebt es deine Energie, wenn du nachts hereinkommst oder morgens aufwachst? Oder entzieht es dir Energie? Empfindest du es für dich als einen heilenden Ort? Das Zuhause ist ein Abbild dessen, was in dir vorgeht.

Du hast vielleicht nicht genug Geld für eine riesiges Haus oder die teuerste Ausstattung, aber du kannst dein Zuhause trotzdem zu einem liebevollen und nährenden Ort machen. Das ist ein wichtiger Schritt auf dem Weg, dich selbst zu lieben. Menschen, die sich selbst lieben und Liebe anziehen, schaffen eine liebevolle Umgebung. In ihrem Zuhause gibt es Dinge voll liebevoller Energie. Vielleicht hast du schon einmal ein Haus betreten, um dort die Pflanzen zu gießen oder das Haustier zu versorgen, wenn die Bewohner verreist sind. Hast du dabei je bemerkt, dass man immer noch die Energie oder Atmosphäre der Bewohner spüren kann? Das ist manchmal so stark, dass ich mir wie ein Eindringling vorkomme. Vielen geht es dabei so, dass man meint, man müsse flüstern oder leise Schritte machen, um nicht zu stören – obwohl gar keiner da ist! Das hängt damit zusammen, dass man unbewusst Energien aufnimmt, auch wenn man sich derer gar nicht bewusst ist oder keinerlei Erfahrung mit Energiearbeit hat.

Die Energie kann in einem Heim, in dem jemand anwesend ist, sehr stark sein. Hast du je ein Haus betreten, in dem jemand krank oder stark depressiv war? Was hast du gefühlt? Wolltest du dort bleiben oder war es eine unangenehme Erfahrung? Wahrscheinlich hast du dich nicht sehr wohl gefühlt, weil die Energie gering war und es auch deine Energie runterzieht, wenn du nicht weißt, wie du dich davor schützen kannst.

Und im Gegensatz dazu hast du vielleicht einmal ein warmes, liebevolles Familienhaus betreten, von dem du wusstest, dass die Eltern und die Kinder glücklich und zufrieden sind – ich bin sicher, du hast dich gern in dieser Energie aufgehalten, denn die liebevolle Energie nährt jeden, der hereinkommt.

Betrachte nun dein eigenes Zuhause und stimme dich auf die Atmosphäre ein. Ist es ein friedlicher Ort? Ein glücklicher Ort? Ein liebevoller Ort?

Hier hältst du dich regelmäßig, wenn nicht sogar täglich auf. Wenn er dich nicht nährt und dir die liebevolle Energie widerspiegelt, die du in deinem Leben haben möchtest, dann ist es an der Zeit, die Dinge zu verändern. Der Designer William Morris hat gesagt: „Habe nichts im Haus, das nicht nützlich ist oder das du nicht schön findest."

Ich finde, wir sollten nur Dinge besitzen, die schön sind oder geliebt werden. Du sollst dich gut fühlen, wenn du morgens aufwachst und dich umblickst. Auch wenn du nicht die ganze Zeit all die Dinge in deinem Heim bemerkst, geschieht dies doch unbewusst.

Um dein Haus für dein neues Leben bereit zu machen, schaust du dir alles darin an. Wie würdest du dein Zuhause finden, wenn du es das erste Mal betreten würdest? Denke auch an den Garten, denn auch er ist Teil deines Zuhauses.

AUFRÄUMAKTION

Es gibt einige grundlegende Dinge, die du tun kannst, um dir und deinem Wunsch nach neuer Energie und Liebe in deinem Haus Ehre zu erweisen.

Bringe zunächst das Durcheinander wieder in Ordnung, um alte, festsitzende Energien loszuwerden. Es ist Zeit, all den unnützen Kram wegzuschmeissen. Wirf alles weg, dass dich an schlechte Zeiten oder schlechte Beziehungen erinnert. Werde auch all das los, was mit deiner alten Persönlichkeit zu tun hat. Wenn du Kleidungsstücke hast, in denen du dich unattraktiv und altmodisch fühlst, sortiere sie aus, egal, wie praktisch sie auch sein mögen.

Die meisten von uns besitzen viel zu viel. Alles, was du hast, ist durch eine Energieleitung mit dir verbunden. Wie viel Zeug ist mit dir verbunden? Denk daran, wie viel Energie das verbraucht. Wenn du zu Hause nie Platz hast, wie kann dann in deinem Kopf Platz sein? Wir neigen dazu, an Dingen festzuhalten, weil wir viel darin investiert haben. Manchmal geht es dabei um Mangel: „Ich behalte das besser für den Fall, dass ich mir kein anderes leisten kann." Lass die materiellen Sachen los und du wirst sehen, dass damit auch eine ganze Menge geistiger Müll verschwindet.

ACHTE AUF DAS, WAS DU BESITZT

Häufig haben Single Bilder von einzelnen Personen an der Wand hängen, anstatt Bilder von glücklichen Paaren und gemeinsamen Zeiten mit Freunden die die Liebe anziehen könnten.

Der gesamte materielle Besitz, den man mit sich rumschleppt, ist ein Teil der vergangenen und gegenwärtigen Persönlichkeit. Denke darüber nach, was du in die nächste Phase deines Lebens mitnehmen möchtest. Brauchst du wirklich dieses zerbrochene Geschirr oder die Hose, die du vor zwei Jahren so gemocht hast, oder die Vase von deiner Tante? Überlege dir, wie viel freier du dich mit den Lücken fühlen wirst, die diese Dinge hinterlassen werden, und mit dem freien Raum in deinem Leben. Stell dir vor, wie es sein wird, wenn du deine neue Liebe gefunden hast oder neue Freunde zum Essen kommen oder deine liebevolle Familie Weihnachten mit dir verbringt, in deinem neuen glücklichen Leben. Hast du einen Tisch, an dem alle Platz nehmen und essen können? Ist in deinem Schrank noch Platz für die Sachen deiner neuen Liebe? Ist in deinem Heim Platz für Besuch? Wenn nicht, dann schaffe ihn!

Die Regel des Universums lautet: Schaffe Platz in deinem Leben und das Universum wird ihn ausfüllen. Also schaffe Platz in dem Wissen darum, dass du die Liebe, die du willst, manifestieren wirst.

REINIGE DIE ENERGIE DEINES HEIMS

Es ist wichtig, ab und an die Energie seines Zuhauses zu reinigen, vor allem wenn du einiges hin- und hergeräumt hast. Das gilt sowohl für materielle Besitztümer als auch für emotionale Energien. Nach einem Umzug oder nach einer Krankheit ist eine Reinigung wichtig. Putze die Räume und lass frische Luft herein. Wenn du das nötige Geld dazu hast und eine etwas imposantere Reinigung möchtest, dann streiche die Wände neu oder verlege neuen Teppichboden.

Je mehr du machst, desto größer sind die Auswirkungen. Sorge dafür, dass die Fenster sauber sind, denn sie entsprechen deinen Augen. Dreckige Fenster stehen dafür, dass du nicht deutlich sehen kannst. Wenn die Zimmer geputzt sind, dann kannst du deren Energie reinigen.

Ich reinige die Energie eines Zimmers immer, bevor eine wichtige Visualisierung oder Meditation ansteht. Du kannst Klang, Duft und Licht nutzen, um die Schwingung eines Raums zu ändern, aber auch der Atem oder einfach die Macht der Gedanken funktionieren. Schau dich in deinem Zuhause um und hege liebevolle Gedanken. Sende mit deinem Geist Liebe in jedes Zimmer; das wird die Schwingungen in deinem Heim steigern.

Nimm dir zuerst einmal das Licht vor. Es sollte sich warm und willkommen anfühlen. Kerzen anzuzünden ist eine gute Möglichkeit, um die Energie eines Zimmers zu ändern.

Auch mit Musik lässt sich die Schwingung eines Raums schnell beeinflussen, weshalb Musik in allen heiligen Traditionen genutzt wird. Du kannst ein wenig herumexperimentieren, ich persönlich finde klassische Musik, vor allem Geigenstücke, besonders effektiv bei der Raumklärung. Japanisches und schamanistisches Trommeln kann ganz schnell die Schwingungen verändern, wenn man in einem Raum ein Ritual abhalten möchte. Popmusik bringt Spaß und Lebendigkeit in die Schwingung, was sehr gut passen kann, aber man sollte unbedingt vorsichtig sein, wenn die Lieder negative und wenig liebevolle Textzeilen enthalten. Denke daran, dass jeder Gedanke die Energie um dich herum beeinflusst. Fülle dein Haus also mit Liebesversen.

Ritual für ein liebevolles Zuhause

Hier ein Ritual zur Reinigung deines Heims als Teil deiner Liebesstrategie.

♥ Wasche zuerst deine Hände. Ziehe die Schuhe und deinen Schmuck aus.
Zünde eine weiße Kerze an und verbrenne ein wenig Räucherwerk.

♥ Nun setzt du dich eine Weile lang ruhig hin und atmest nur. Würdige
den Raum, in dem du dich befindest. Bemerke die Energie deines Heims.
Formuliere in deinen Gedanken die Absicht, dass du mit der Reinigung
heute dein neues Liebesleben in dein Haus einkehren lässt. Sei dir bewusst,
wie kraftvoll dieser Gedanke ist.

♥ Dann „wischst" du deine Räume aus. Das ist etwas, was von den Ureinwoh-
nern Amerikas stammt, die einen sogenannten Smudge Stick dazu nutzen.
Das ist ein Bündel aus getrockneten Kräutern, in der Regel Salbei (Salbei
zu verbrennen ist sehr kraftvoll). Es gibt sie sowohl in Esoterikgeschäften als
auch im Internet zu kaufen. Zünde solch einen Smudge Stick an und reinige
damit jedes Zimmer von alter Energie.

♥ Blase den Stick wieder aus, sodass er qualmt. Gehe nun damit durch dein
Heim und sorge dafür, dass der Rauch in jede Ecke dringt und die alte Ener-
gie dort herauskehrt. Während du umhergehst, nimmst du dir vor, die alte
Energie auszufegen und neue hereinzulassen.

♥ Klatsche in jeder Ecke des Zimmers einmal unten, in der Mitte und oben in
die Hände, um die Energie zu verändern. Du kannst auch ein Mantra sagen,
wenn du eins kennst, zum Beispiel das der Grünen Tara (Seite 152), oder dem
Haus laut deine Absicht kundtun.

♥ Glocken werden traditionell dafür genutzt, negative Geister zu vertreiben. Läute eine Glocke in der Mitte des Zimmers und in jeder Ecke, um so die Energie zu verändern, nachdem du in die Hände geklatscht hast. (Wenn du eine Klangschale besitzt, dann ist diese anstelle einer Glocke sehr gut geeignet.)

♥ Nachdem du die Energie gereinigt hast, wäschst du wieder deine Hände. Jetzt kannst du frisches Wasser nehmen und damit die frisch gereinigten Ecken der Zimmer weihen. Gleichzeitig stellst du dir ein Licht vor, das ins Zimmer strahlt und wie ein Schild an den äußeren Wänden entlang die neue Energie im Inneren des Hauses hält. Du kannst dir auch vorstellen, das Licht verliefe wie eine Spirale um das ganze Haus herum.

♥ Beende das Ritual mit einer Selbstreinigung. Nimm ein Bad mit Meeressalz oder Bittersalz, um jede negative Energie abzuwaschen, die an dir haften könnte.

SCHLAFZIMMER

Lege besonderen Wert auf dein Schlafzimmer, wenn du dir eine neue Partner-schaft wünschst. Wenn du mit deinem Bett eine vergangene Liebe assoziierst, dann solltest du am besten die Matratze austauschen. Wenn das nicht geht, dann führe wenigstens die Reinigung mit dem Smudge Stick durch.

Es ist wichtig, auf jeder Seite des Bettes das gleiche Nachttischchen stehen zu haben, so dass die Macht ausgeglichen ist, wenn du und dein Partner das Bett miteinander teilen. Grundsätzlich sind zwei gleiche Dinge im Schlafzimmer immer gut.

Im chinesischen Feng Shui ist rot eine gute Farbe fürs Schlafzimmer. Überlege, ob ein roter Überwurf auf dem Bett oder ein Bild mit einem roten Motiv bei dir passen würde.

Pflanzen können die Energie überall im Haus heben und sie sind auch im Schlafzimmer toll. Eine große Pflanze ist dabei besser als eine kleine. Du kannst mit traditionellen Mitteln herumexperimentieren und dein Schlafzimmer ro-mantisch gestalten, etwa mit einer Blumenvase mit roten oder rosa Blumen auf dem Nachttisch. Sorge dafür, dass die Blumen frisch sind, damit die Energie im Raum hoch bleibt. Nicht alle Feng-Shui-Traditionen empfehlen Pflanzen im Schlafzimmer, so wirst du diesbezüglich unterschiedliche Meinungen hören.

Liebesfiguren aus Ton formen

Je persönlicher deine Symbole sind, desto mächtiger sind sie auch. Hier ein Beispiel für ein Liebesritual, das du für deinen Altar bauen kannst.

♥ Nimm Ton oder Modelliermasse und forme zwei Figuren: Die eine stellt dich dar und die andere deinen Liebsten, der sich bald in deinem Leben manifestieren wird. Während du die Figuren formst, stattest du sie sorgsam mit all den Eigenschaften aus, die du in ihren Leben manifestieren möchtest, wenn sie zusammenkommen. Auch hier gilt: Die Absicht ist wichtig. Denke an dich als liebevollen Menschen und an die liebevolle Person, die du dir selbst schenken wirst.

♥ Wenn die Figuren fertig sind, stelle sie so zusammen, dass sie für dich die kraftvolle Energie einer Verbindung symbolisieren. Du kannst ihre Hände zusammenfügen oder sie locker mit einem roten Band zusammenbinden. Das lockere Band zeigt deine Bereitschaft, deine Liebe einzubringen – mit der Erlaubnis seines oder ihres höheren Selbst für euer beider Wohl.

♥ Stelle die Figuren auf deinen Altar und betrachte deine Liebe als etwas, was sich schon in deinem Leben manifestiert hat.

♥ Denke daran, Rituale immer mit der Absicht durchzuführen, das beste Ergebnis für dein Leben als Ganzes zu manifestieren. Erzwinge nichts, vor allem niemanden dazu, zu dir zu kommen, sonst spielst du mit deinem Karma und das wird kein gutes Ende nehmen.

Die Macht der Pflanzen

Blumen und Pflanzen duften wunderbar und sehen schön aus. Deshalb finden sie in vielen Teilen der Welt Verwendung für Liebestränke und spirituelle Zeremonien. Besucht man einen buddhistischen Tempel, wird man geradezu überwältigt von dem Räucherwerk und den strahlend bunten Gaben in Form von Früchten und Speisen. In der katholischen und christlich-orthodoxen Kirche steigert man mit Weihrauch die Energie des Raums.

Früher wurde beim Wahrsagen der Seher mit Räucherwerk vorbereitet, so dass er in Trance fallen und höhere Ebenen des Universums betreten konnte, um dort auf Weisheit und spirituelle Helfer zurückzugreifen. Auch im indischen Tantrismus sind Düfte bei der Vorbereitung eines Rituals mit im Spiel.

In der chinesischen Tradition kann die Energie, das qi (ch'i), einer Pflanze und des Ortes, wo sie wächst, variieren. Indem du eine bestimmte Pflanze auswählst oder eine, die an einem bestimmten Ort gewachsen ist, kannst du deiner Energie helfen. Erinnere dich daran, wie deine Laune sich hebt, wenn du von Blüten umgeben bist oder an einem wundervollen Flussufer sitzt. Das hat mit der Energie der Blumen bzw. des Ortes zu tun, und dieses Prinzip kannst du zu Heilungszwecken nutzen.

Wie stark die Energie der Pflanzen bzw. der Natur ist, kann man an einem Beispiel zeigen, das nichts mit spirituellem Denken zu tun hat. Wissenschaftler können nachweisen, dass der Cortisolspiegel und damit der Stress sinken, wenn man draußen auf einer wunderschönen Wiese sitzt, weil der Anblick, der Duft und die Energie des Ortes den Menschen positiv beeinflussen. Kürzliche zeigte eine Studie Ähnliches: Blumen auf dem Frühstückstisch können uns für den Rest des Tages glücklich machen.

In spirituellen Traditionen geht es jedoch um mehr als Stressreduktion. Das qi (ch'i) der Schönheit und des Duftes der Natur können wir nutzen, um Liebe in unser Leben anzuziehen. Liebe ist eine wunderbare, freudige, leichte Schwingung. Wir müssen unsere visuellen und olfaktorischen Sinne mit Schönheit und Freude verwöhnen – und schon wird die Liebe in unserem Leben sich mehren.

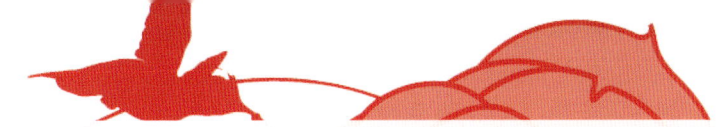

PUSANGA

Pusangas sind, aus Peru stammende, duftende Blumenzaubertränke, die ins Spiel kommen, wenn man sich irgendetwas wünscht – sie sind auch als Liebesmagie geeignet.

Im Amazonasgebiet werden *pusangas* aus den Pflanzen mit dem höchsten qi (ch'i) und aus Wasser, das an heiligen oder magischen Orten geschöpft wird, hergestellt. Die Pflanzen werden wegen ihrer Blüten, Formen, Düfte oder Farben ausgewählt und dann nebeneinander gelegt. Häufig fügt man parfümierte Flüssigkeiten bei, so dass das Ganze stark duftet. Wenn die *pusangas* fertig sind, versieht ein Schamane sie mit Macht. Er bläst ihnen eine Absicht ein, zum Beispiel „Gesundheit, Reichtum und Liebe". Entweder nimmt er dazu nur seinen Atem oder aber Tabakrauch, der als heilig gilt.

Wenn du *pusangas* herstellen möchtest, dann kannst du das genauso machen (Seite 137). Zunächst sammelst du einige schöne Blumen. Es muss nicht der ganze Stiel sein, der Blütenkopf reicht aus. Wenn du die Blüten selbst pflückst, dann kannst du solche auswählen, die an einem für dich besonders bedeutsamen Ort wachsen.

Einige Blumen haben in verschiedenen spirituellen Traditionen eine besondere Bedeutung (Seite 136), sie können aber auch einfach für dich einen ganz persönlichen Wert haben. Wenn möglich wähle Blumen, die in Beziehung zu dem stehen, was du manifestieren möchtest. Steht die Rose für dich für Liebe, dann füge deinem Trank Rosen bei. Achte auf die Farben der Blüten und auf ihren Duft. Noch einmal: Farben haben eine sehr kräftige Schwingung. Danke den Blumen, wenn du sie pflückst, für die Energie, die sie dir schenken.

BLUMEN UND IHRE BEDEUTUNGEN

Begonie	Bringt Balance in dein Leben
Bougainvillea	Emotionaler Schutz, Vertrauen auf eine höhere Macht
Lavendel	Transformation
Gardenie	Ein Spiegel, der nicht trügt oder verzerrt
Hibiskus	Glück und stille Macht
Lilie	Reinheit
Lotus	Das Göttliche
Ringelblume	Bereitschaft zu Veränderung
Reseda	Das Leben schön machen
Myrte	Alltagsschwierigkeiten meistern
Narzisse	Schönheit und das Göttliche verbinden
Kapuzinerkresse	Mut in schweren Zeiten
Rosa Gladiolen	Die Gefühle öffnen und bereit sein, Gutes im Leben anzunehmen
Weihnachtsstern	Das Ego aufgeben und sich öffnen
Rose	Ein offenes Herz
Löwenmäulchen	Die Kraft der Manifestation steigern
Ylang Ylang	Den Geist von Illusionen reinigen

Pusanga selbstgemacht

♥ Reinige zunächst den Raum mit Räucherwerk oder ätherischen Ölen, um eine schöne Umgebung zu schaffen.

♥ Lege ein Tuch auf den Boden und arrangiere die Blumen und Pflanzen so, dass es schön aussieht. Du kannst sie z. B. so hinlegen, dass es wie ein buddhistisches Mandala aussieht (ein heiliger Kreis, der das Universum symbolisiert).

♥ Füge noch andere schöne Dinge bei, wenn du möchtest. Glitzer oder falsche Edelsteinchen sehen schön aus und schaffen eine gute Energie.

♥ Parfümiere das *pusanga* mit Duftölen oder natürlichen Essenzen wie Orangenblütenwasser.

♥ Nun formuliere deine Absicht. Puste deine klare Absicht in das *pusanga*, um eine neue strahlende Zukunft zu manifestieren, die so schön sein wird wie das *pusanga*, das vor dir liegt.

♥ Um das *pusanga* als Duft weiter zu nutzen, gibst du es zusammen mit Quellwasser in eine Flasche. Mit dieser Flüssigkeit kannst du deine Handgelenke und den Nacken einreiben oder parfümieren. Vielleicht willst du es auch auf deinen Liebesaltar (Seite 131) legen oder als Gabe an einen Ort platzieren, der dir wichtig ist.

GIB DER ERDE ETWAS ZURÜCK,
UM LIEBE ZU EMPFANGEN

Vielleicht möchtest du dein *pusanga* an einem bestimmten Ort als Opfer darbringen. Im peruanischen Schamanismus werden Opfergaben, spanisch *offerenda*, der Erde als Dank dargebracht, wenn man etwas Schönes erleben durfte. Früher habe ich solche Opfergaben einem ganz alten Baum dargebracht, der die Energie von hunderten von Jahren natürlicher Weisheit in sich birgt. In den alten Weisheiten haben einige Orte eine besonders hohe Energie. Wenn wir uns mit diesen Orten verbinden, können wir die Energie aufnehmen und unsere eigene Schwingung sowie unsere Fähigkeit zu manifestieren, erhöhen. Warum also nicht einen Ort in der Natur finden, der für dich positiv aufgeladen ist, und dort regelmäßig Opfergaben hinbringen? So kannst du die Energie noch weiter erhöhen, die mit deinem Ziel verbunden ist. Jedes Mal, wenn du dich mit diesem Ort in Gedanken oder während einer Meditation verbindest, verbindest du dich mit einer starken spirituellen Schwingung und erhöhst deine eigene Energie – und das hilft dir dabei, alles in dein Leben zu ziehen, was du dir wünschst.

Die Macht der Kristalle

Ein Kristall hat eine spezielle Schwingung und er wirkt als ein mächtiger Energietransmitter zum und vom Universum. Seit vielen Jahren werden sie deshalb zur Heilung und in der Magie genutzt.

Kristalle sind auch für unser Liebesprojekt geeignet. Ich schlage dafür entweder einen Bergkristall oder Rosenquarz vor. Der Rosenquarz ist der klassische Stein des Herzens und der Heilung. Als Kette getragen oder neben sein Bett plaziert, und schon setzt der Rosenquarz Schwingungen der Liebe frei, denn darauf ist er eingestellt.

Um den Kristall auszurichten, reicht es, wenn du dich auf ihn fokussierst. Wie bei jedem Ritual ist die eigene Absicht der Schlüssel zum Erfolg. Entscheide, was du manifestieren möchtest. Mache dir davon im Geiste ein deutliches Bild.

DEN KRISTALL REINIGEN

Zunächst muss sichergestellt sein, dass der Kristall im energetischen Sinne rein ist. Du kannst nicht voraussetzen, dass ein neu gekaufter Stein eine reine Energie hat. Wenn ich mir in einem Geschäft verschiedene Kristalle ansehe, bin ich überrascht, wie viel trübe Energie sich in vielen von ihnen abgelagert hat. Sie stammt entweder vom Ort oder von den Menschen, die mit den Steinen zu tun haben. Denke an deinen Weg zur Arbeit und wie du dich danach fühlst – dann weißt du, warum dein Kristall eine Reinigung braucht. Du kannst ihn drei Tage lang zur Reinigung draußen in der Sonne oder im Mondlicht liegen lassen (in Erde eingraben, dass nur die Spitze herausschaut). Oder du wäschst ihn mit Wasser und Steinsalz und stellst dir währenddessen vor, dass sich deine Schädeldecke öffnet, während du weißes Licht und Liebe des Universums in den Kristall leitest und dabei alle negative Energie entfernst.

Wenn du sensibel bist, dann wirst du nach der Reinigung den energetischen Unterschied spüren, wenn du dir den Stein auf die Handfläche legst. Ich persönlich habe das immer an einem leichten Kribbeln gemerkt, andere fühlen Wärme oder Kälte oder haben den Eindruck von Leichtigkeit. Je mehr du mit Kristallen arbeitest, desto feinfühliger wirst du für diese unterschiedlichen Energien werden. Wenn dir das Aussehen oder das Gespür eines Kristalls instinktiv nicht gefällt, dann nimm ihn auch nicht. Du solltest deine eigene Wahrnehmung immer respektieren, denn der eigenen Kraft und dem eigenen Wissen zu vertrauen, ist Teil des Prozesses dich selbst zu lieben und zu ehren.

DEN KRISTALL AUF LIEBE PROGRAMMIEREN

Dieses Ritual wirkt nach den gleichen Prinzipien wie jedes andere Ritual, das du schon ausgeführt hast. Entscheidend ist, ein Bild zu finden, bei dem du etwas empfindest. Sieh dich an deinem eigenen Hochzeitstag, froh und zufrieden und mit Freunden und Familie zusammen lachend.

Nun hältst du das Bild vor dein geistiges Auge und überträgst es in den Kristall. Lege den Stein danach auf deinen Liebesaltar (Seite 131) oder an einen anderen besonderen Platz. Den so programmierten Kristall kannst du bei dir tragen. Die Energien des programmierten Kristalls strahlen hinaus ins unsichtbare Universum und ziehen deine neue Zukunft an. Je mehr das Bild, das du in den Stein gegeben hast, mit dir harmoniert, desto stärker ist die Kraft des Kristalls.

Wenn sich dein Traumpartner Zeit lässt, aufzutauchen, dann bringt dir ein Kristallzirkel (nächste Seite) noch mehr Kraft. Lege den Kristallzirkel auf deinen Altar oder an eine andere Stelle in deinem Zuhause, wo er nicht im Weg ist.

ANDERE LIEBESKRISTALLE

Diamanten werden mit Verlobungsringen und daher mit Hochzeit in Verbindung gebracht. Dennoch ziehen Diamanten die Liebe nicht so stark an wie Rosenquarz. Sie versprechen eher Treue, langes Leben und Sexualität.

Smaragde sind Liebesverstärker. Sie regen die Liebe im Allgemeinen an, weniger die romantische Liebe. Wenn du dein allgemeines Liebesgefühl verstärken möchtest, dann trage einen Smaragdring oder einen Smaragdanhänger. Ein Anhänger, der über dem Herzchakra (Seite 69) hängt, wirkt wie eine Batterie, die sich durch die Macht der Liebe um dich herum auflädt und aus allen Richtungen Liebe in dein Leben bringt.

Jade ist der Stein der chinesischen Göttin der Liebe und der Leidenschaft, Guan Yin (Seite 149). Es ist ein heilender Stein, der auch Romantik und Liebe in dein Leben bringen wird. Er verspricht Reichtum. Trägst du ihn bei dir, wirst du wie ein Magnet auf vielfältige Weise Fülle in dein Leben ziehen.

Schwarzer Obsidian ist ein Schutzstein. Wenn du nur zu leicht die Energien anderer Menschen aufnimmst und von negativen Atmosphären beeinflusst wirst, dann trage diesen Stein nah bei deinem Herzen, so dass die Energien von deiner Aura abgelenkt werden und du nur die Liebe um dich herum aufnimmst.

Ein Liebeszirkel aus Kristallen

Du brauchst acht Bergkristalle oder eine Mischung von unterschiedlichen Kristallen und Rosenquarzen. Sorge dafür, dass sie rein sind.

Wähle einen der acht Kristalle aus als deinen „Auflade-Kristall". Dann legst du sechs Kristalle in einen Kreis, die Spitzen zeigen dabei nach innen. Den siebten Stein legst du in die Mitte, mit der Spitze in irgendeine Richtung eines anderen Steins zeigend.

Nun formulierst du deine Absicht. Bitte deine höchsten spirituellen Führer, dein höheres Selbst und die universale Liebe, dass sie diesen Kreis reinigen und aufladen mögen, um Liebe in dein Leben zu bringen, auf eine Weise, die zu deinem Besten ist. Diesen Zirkel kannst du für Heilungen bei Problemen aller Art, die in deinem Leben auftauchen, einsetzen. Wenn es bedeutungsvolle Engel für dich gibt, dann bitte auch sie um ihre Energie.

Nimm deinen Auflade-Kristall in die rechte Hand und stelle dir vor, wie du diese liebevolle, heilende Energie in jeden Kristall deines Zirkels lenkst, die Energie fließt durch deinen Auflade-Kristall, der nacheinander auf jeden der Kristalle zeigt, als sei er ein Zauberstab.

Am Ende vereinigst du den Zirkel. Lass die Energie durch deinen Auflade-Kristall in den Kristall in der Mitte fließen, dann zu einem äußeren Stein, hin zum nächsten und wieder in die Mitte, so als würdest du den Kreis in Kuchenstücke teilen. Gehe dabei gegen den Uhrzeigersinn vor, bis der Zirkel geschlossen ist. Halte dir dabei deine Absicht klar vor Augen.

Halte das Ritual immer mit offenem Geist und offenem Herzen ab, sodass du aufrichtig das hervorrufst, was zu deinem eigenen Wohl ist. Versuche nicht, eine bestimme Person durch dieses Ritual heranzuziehen.

Der Zirkel bleibt 24 Stunden lang aufgeladen. Du kannst ihn täglich mit dem Auflade-Stein und einer erneuten Absichtserklärung wieder aufladen. Oder schreibe deine Absicht auf ein Stück Papier und lege es in den Kristallzirkel.

DAS WESENTLICHE

Das, worauf du dich fokussierst, ist das, was du in deinem Leben erschaffen wirst. Ein Ritual verändert deinen Fokus. Es sieht vielleicht ganz gewöhnlich und alltäglich aus, aber es ist durchdrungen von der spirituellen Energie des Außergewöhnlichen. Regelmäßige Rituale helfen dir dabei, den Glauben und die Erwartungen, dass dein neues Leben bevorsteht, aufrechtzuerhalten. Ein reiner Fokus formt dein ganzes Selbst, bewusst und unbewusst, und kann gar nicht anders, als Veränderungen hervorzubringen.

Es gibt viele Arten von Ritualen, die du in deinem Leben übernehmen kannst, um dich auf die Anziehung der Liebe zu fokussieren.

Dein Heim ist ein Symbol deines Selbst, alles, was du damit tust, hat einen Einfluss auf dich. Wenn du Rituale zu Hause durchführst, dann machst du damit aus deinem Haus ein lebendes Ritual, denn es ist der Ort, der die Schwingungen deiner Gedanken jeden Tag auffängt.

Gib jedem Ritual, das du durchführst, Achtsamkeit, Zeit und Energie. Fange immer erst an, wenn dir klar ist, welche Absicht du mit diesem Ritual verfolgst. Das Universum hört diese Absicht und unterstützt dich dabei, sie zu manifestieren. Ein Ritual durchzuführen ist etwas, womit du das Universum wissen lässt, dass du dir viel Mühe mit deinem Teil des Prozesses gibst.

Lass die Rituale Spiegel deines Selbst sein, indem sie Handlungen oder Gegen-stände voller Schönheit sind. Als Belohnung wird die Liebesenergie in dein Leben hineinfließen.

MEINE NOTIZEN

KAPITEL 7

Spirituelle Helfer

'WENN DU GELIEBT WERDEN WILLST, SEI LIEBENSWERT.'

OVID

Innerhalb des unsichtbaren spirituellen Universums gibt es zahlreiche spirituelle Helfer, auf die du zurückgreifen kannst. Du kannst sie bitten, dir dabei zu helfen, wiederkehrende Muster, die die Liebe blockieren, aufzudecken. Sie stehen dir in schweren Zeiten bei und bringen dir Menschen und Gelegenheiten, die Liebe in dein Leben einkehren lassen.

Vielleicht hast du schon mit spirituellen Helfern gearbeitet. Die Idee, Engel oder höhere Führer um Hilfe zu bitten, wurde in den letzten Jahren sehr populär. Vielleicht gehörst du auch einer bestimmten religiösen Tradition an, in der man Gott oder die Götter regelmäßig um Hilfe fragt. Dann wird dir einiges in diesem Kapitel bekannt vorkommen. Wenn nicht, dann wirst du diese Technik das erste Mal ausprobieren. Du brauchst weder Erfahrung noch musst du einem bestimmten Glauben angehören, um dich an spirituelle Helfer zu wenden. Sie sind immer für dich da.

In diesem Kapitel lernst du:

- ♥ Die drei Göttinnen kennen, die dir in Liebesdingen helfen.

- ♥ Wie du die göttliche Macht nutzt, um dein Herz zu heilen und zu öffnen.

- ♥ Wie du dein Krafttier erkennst.

- ♥ Wie du einen Engel um Hilfe bittest.

Die Macht der Göttinnen in Anspruch nehmen

Göttinnen sind spirituelle Wesen, die uns helfen. Du kannst die Macht der Göttin nutzen, um deine weibliche Seite zu öffnen – aber auch für deine Attraktivität, deine innere und äußere Schönheit und deine Ausstrahlung und alle Aspekte der Liebe – ganz gleich, ob du ein Mann oder eine Frau bist.

Die drei Göttinnen, die im Folgenden vorgestellt werden, haben alle eine ähnliche Energie, aber jede repräsentiert einen anderen Aspekt dieser Energie. Indem du dich mit jeder von ihnen verbindest, kannst du aus ihrer Kraft schöpfen und das in dir heilen, was um dein Herz herum eine Blockade aufgebaut hat. Sie helfen dir, dein Herz zu öffnen und Liebe anzuziehen. Vielleicht stellst du fest, dass eine Göttin dir mehr zusagt als eine andere, auch wenn du durch alle drei Liebe und Heilung erfahren kannst. Lass dich auf deinen Instinkt ein und schöpfe aus der Göttin Energie, mit der du am meisten übereinstimmst. Das wird genau die Energie sein, die du gerade am nötigsten hast. Dein Gefühl hat immer recht – vertrau darauf.

Bei jeder Göttin zeige ich dir, wie du durch die Meditation ihre Energie nutzen kannst. Wenn du mit der Energie der Göttin vertrauter geworden bist, kannst du sie jederzeit anrufen. Sprich ihren Namen aus, um dich selbst zu beruhigen oder um dich daran zu erinnern, dein Herz umgehend zu öffnen. Du triffst dich beispielsweise mit jemandem zum ersten Mal und bittest die Göttin einfach darum, bei dir zu sein. Oder du bist gerade unterwegs und brauchst ein wenig Zuspruch, dann rufe sie einfach mit ihrem Namen an.

DIE GÖTTIN APHRODITE (VENUS)

Aphrodite (Venus) ist die Göttin der Liebe und der Schönheit. Sie ist auch die Göttin der Leidenschaft und steht in engem Zusammenhang mit der Sexualität. Du kannst dich mit ihr vor allem dann verbinden, wenn du eine Herz-Energie heilen und mehr Liebe oder Leidenschaft in deine Partnerschaft bringen möchtest. Ihr Sohn ist Eros (Amor), dessen Pfeil der Liebe und des Begehrens uns alle trifft, wenn wir dem Partner unseres Herzens begegnen.

In der griechischen Mythologie ist Aphrodite (Venus) die Tochter des Zeus (Jupiter). Der Schmied Hephaestus (Vulcanus) fertigte für sie einen magischen Gürtel aus Juwelen, der sie unwiderstehlich macht, wenn sie ihn trägt. Im alten Griechenland repräsentierten die Priesterinnen der Aphrodite deren Energie und man glaubte, dass diejenigen, die mit ihnen sexuell verkehrten, die Energie der Göttin ehrten. Aphrodite selbst hatte angeblich zahlreiche leidenschaftliche Affären mit Sterblichen und mit Göttern, so auch mit Adonis und Ares (Mars).

Verschiedene Symbole gehören zu ihr: Schwan, Taube, Jakobsmuschel, Fackel, Spiegel, Rose, Myrte und Granatapfel. Man bittet sie um Hilfe, indem man sich mit ihrer Energie verbindet – entweder durch die Meditation oder indem man sich auf eines ihrer Symbole fokussiert.

SO VERBINDET MAN SICH MIT APHRODITE (VENUS)

Entscheide zuallererst, welchen Namen du verwenden möchtest – entweder den griechischen, Aphrodite, oder den lateinischen, Venus. Jeder hat eine leicht unterschiedliche Energie, auch wenn die Attribute der Göttin in beiden Kulturen grundsätzlich dieselben sind.

Suche dir einen Platz und setze dich still hin. Denke darüber nach, wie du dein Herz der Liebe und Leidenschaft öffnen möchtest. Stelle dir vor, wie dein Leben sein wird, wenn es neu, frisch und voll dieser neuen Gefühle ist.

Vielleicht möchtest du auch um Hilfe dabei bitten, ein altes Liebesmuster zu überwinden. Stelle dir vor, wie es sein wird, wenn du dieses Muster abgelegt hast. Wie wird dein Leben aussehen?

Stimme dich ein auf die Liebe, die du erschaffen möchtest. Sorge für eine liebevolle und romantische Atmosphäre. Zünde Kerzen an oder zieh dir etwas Schönes und Verführerisches an. Im Hintergrund kannst du romantische Musik laufen lassen. Denke an eine Liebesgeschichte, die du am meisten magst – alles, was dir hilft, die Schwingung von Aphrodites (Venus) in diesen Augenblick zu übertragen.

Dann stelle dir vor, sie ständе vor dir, und bitte sie um ihre Hilfe, dass du diese Schwingung täglich in deinem Leben erfährst:

„Liebe Göttin Venus, ich bitte dich, dass du jetzt mein Herz öffnest, damit es all die Liebe, Schönheit und Leidenschaft aufnehmen kann, die du bringst. Ich bitte dich, dass du jetzt alle Blockaden, Illusionen und alten Liebesmuster, die mich davon abhalten, jeden Tag wunderbare Liebe zu erfahren, aus dem Weg räumst, damit ich Liebe ausstrahlen und anziehen kann, die mein ganzes Wesen ausfüllt, und ich Liebe und Licht aussenden kann. Ich bitte dich, dass du als Symbol dafür deine Rose in mein Herz pflanzt."

Nun stelle dir vor deinem geistigen Auge eine Rose in deinem Herzchakra vor (Seite 69). Die Blüte ist geöffnet und symbolisiert dein geöffnetes Herz.

Jeden Morgen, wenn du aufwachst, erinnerst du dich daran, dein Herz zu öffnen, indem du an die geöffneten Blütenblätter der Rose denkst, um Liebe zu empfangen.

DIE GÖTTIN GUAN YIN

Guan Yin (gesprochen *gwan-yin*, manchmal auch *Kwan Yin* geschrieben oder *Kannon* auf Japanisch) ist die Göttin der Liebe und des Mitgefühls. Sie ist eine der beliebtesten Göttinnen Chinas und der ostasiatischen Traditionen. Ihr Name bedeutet „Die, welche die Rufe der Welt hört". Sie ist das östliche Pendant zu Aphrodite (Venus).

Es gibt zahlreiche Gemälde von Guan Yin und ihr Abbild ist in ganz Asien zu finden. In der Regel wird sie wie eine Madonna dargestellt, eine wunderschöne Frau in einem weißen, fließenden Gewand. In ihrer linken Hand hält sie einen weißen Lotus, der die Reinheit verkörpert. Oft wird sie mit tausend Armen gezeigt, manchmal hat sie auch tausend Augen, die in alle Richtungen blicken, so dass sie der Menschheit überall da, wo sie gebraucht wird, ihre Barmherzigkeit schenken kann.

Die Legende besagt, dass Guan Yin aus einem weißen Lichtstrahl geboren wurde, der aus dem Auge Buddhas hervortrat. Manchmal trägt sie eine Vase als Symbol für Mitleid und Weisheit in der Hand, oder einen Weidezweig, Symbol für göttliches Leben, oder eine Schriftrolle, welche die weisen Worte Buddhas enthält.

SO VERBINDET MAN SICH MIT GUAN YIN

Bitte Guan Yin um eine Veränderung deines Liebeslebens, indem du zu ihrem Bild betest oder ein Mantra sprichst, das ihr gewidmet ist. „Mantra" bedeutet, „den Geist freizulassen". Es richtet sich an die spirituellen Energien des Universums, um die Realität auf der Erde zu ändern (nächste Seite). Guan Yin ist eine Heilerin und manche glauben, dass es reicht, ihren Namen auszusprechen, um sie in Zeiten der Not herbeizurufen.

Wenn du die Energie von Guan Yin in dein Zuhause holen möchtest, dann kannst du ihr dort einen Altar widmen und ein Bild oder eine Figur von ihr aufstellen. Natürlich kannst du auch den Altar nehmen, den du schon errichtet hast. Guan Yin liebt das Wasser, also stelle täglich eine Tasse mit frischem Wasser dort hin. Füge noch Blumen als ein Symbol der weiblichen Energie, die sie repräsentiert, hinzu.

MANTREN CHANTEN

Mantren werden gechantet, um sich mit Energie zu verbinden, die durch den Klang der Worte aufgewirbelt wird. Zu Beginn setze dich mit geradem Rücken auf den Boden oder auf einen Stuhl. Dann lasse den Atem aus dem Körper herausströmen, indem du mindestens dreimal ausatmest. Dein Geist entspannt sich und ist bereit, die neue Energie aufzunehmen. Dann beginne das Chanten.

Wenn du regelmäßig ein Mantra chantest, passiert gleich mehreres auf einmal. Zunächst ist das Chanten eine Form der Trance oder aktiven Meditation und macht ruhiger und lockerer. Auf der spirituellen Ebene verbindet dich das Chanten mit dem reinen spirituellen Bewusstsein durch die Energie der Worte, die in einem Mantra gesprochen werden.

Durch die Verbindung mit dieser Energie erhöhst du deine spirituelle Schwingung und vertreibst negative Gedanken. Du öffnest dich dafür, Segen und Reinigung zu empfangen.

Während du das Mantra sprichst, bleibt kein Raum für andere Gedanken – nur der Gedanke des Mantras ist präsent.

Je öfter du das Mantra wiederholst, umso stärker fühlst du die rhythmischen Wellen in Körper und Seele. An einem bestimmten Punkt fühlst du, wie die Veränderung geschieht und du erreichst einen Zustand der Stille, der Glückseligkeit. Die Effekte des Chantens sind im Körper spürbar, so wie eine Gymnastikstunde dauerhaften Einfluss auf den Muskeltonus hat, selbst wenn man den Trainingsraum bereits verlassen hat.

OM MANI PADME HUM

Om mani padme hum oder „Heil dir, Juwel im Lotus", ist mein Lieblingsmantra, um Guan Yin anzurufen. Manche sagen, dass das Mantra eine Million Mal wiederholt werden muss, um einen Zustand zu erreichen, in dem man ständig mit dem reinen Bewusstsein des Universums verbunden ist. Zum Glück reicht es schon aus, das Mantra gelegentlich zu chanten, um etwas zu verändern.

Du kannst leise oder laut chanten, es nur in Gedanken oder richtig sprechen, – sooft du willst. Wahrscheinlich kannst du nicht bei jeder Gelegenheit laut chanten. Doch hin und wieder solltest du den Klang deiner Worte erschallen lassen. So kann dein Halschakra – dein Energiezentrum der Kommunikation (Seite 69) – die Schwingungen des Mantras spüren. Dein Halschakra braucht vielleicht Öffnung, weil du in deinen alten Beziehungen nicht die Wahrheit gesagt hast oder nicht für dich eingestanden bist.

In Tibet ritzt man *Om mani padme hum* zur Segnung der Häuser in Steine. Schreibe das Mantra auf einen Stein und trage ihn bei dir oder stelle ihn auf deinen persönlichen Altar.

NAMO GUAN SHI YIN PUSA

Namo guan shi yin pusa (gesprochen: na-mo-gwan-shir-yin-pu-sah) bedeutet so viel wie „Ich rufe die Göttin Guan Yin, welche die Rufe der Welt bemerkt".

Auch dieses Mantra kannst du chanten, um Guan Yin anzurufen. Hier bittest du die Göttin direkt um Hilfe. Dabei kann es um Lebenskrisen gehen oder einfach darum, den richtigen Weg einzuschlagen, um mehr Liebe zu finden.

Chante das Mantra ein paar Mal und bitte dann um die Unterstützung, die du brauchst.

DIE GÖTTIN GRÜNE TARA

Die Grüne Tara ist das Equivalent des tibetischen Buddhismus zu Guan Yin. Ursprünglich eine indische Göttin, nennt man sie in Japan *Bosatsu* (Buddha). Tara ist die weibliche Entsprechung des *Bodhisattva* (ein erleuchtetes Wesen), genannt *Avalokiteshvara*. Es gibt verschiedene Aspekte der Tara. Die Grüne Tara repräsentiert den liebevollsten Aspekt. „Tara" bedeutet im Sanskrit „Stern". Als dein Stern kann sie dir Führung geben und dir die Richtung zur Liebe weisen.

Tara symbolisiert Anmut, Schönheit, aber auch Schutz und Fürsorge. Sie ist eine Göttin, die im Notfall für dich da ist. Sie ist eine Kriegerin, die dir helfen kann, gegen deine Ängste anzukämpfen und Hindernisse zu überwinden. Ich schlage vor, dich mit dieser Göttin in Verbindung zu setzen, wenn innere oder äußere Hindernisse auf deinem Weg dich davon abhalten, Liebe in dein Leben einzuladen. Die Grüne Tara hilft dir, dich auf deine Ziele zu konzentrieren.

Sie ist in Seide und Juwelen gekleidet und sitzt auf einer Lotusblüte. Drei weitere Lotusblüten hält sie in der Hand und symbolisiert damit die unterschiedlichen Stufen der Erleuchtung.

OM TARE TUTTARE TURE SOHA

Om tare tuttare ture soha (gesprochen: om-ta-ray-too-ta-ray-too-ray-sa-ha) ist das Mantra der Tara. Es bittet die Göttin, uns von Leid zu erlösen, und hilft, die spirituelle Balance zu finden.

Stelle dir während des Chantens dein Kronenchakra vor. Wie es sich öffnet und das weiße Licht der unendlichen Liebe des Universums einlässt. Wie die überquellende Liebe der Grünen Tara direkt mit ihm in dein Herzchakra fließt. Entscheide dich, dass Liebe dich erfüllt, dass immer genug Liebe für jeden und alles auf der Welt vorhanden ist.

Den Widerhall dieses kraftvollen Mantra kannst du in deinem ganzen energetischen System spüren. Wenn die Grüne Tara die Göttin deiner Wahl ist, nimm dir jeden Tag Zeit, mit ihr zu meditieren.

Denke daran, dich zum Meditieren möglichst an einen Ort zu begeben, an dem du nicht gestört wirst, weder durch Lärm noch durch Menschen. Buddhisten bezeichnen Störungen als „Meditationsdornen", kleine tägliche Irritationen, die unsere Aufmerksamkeit von der Meditation fort, hin zur äußeren Welt lenken. Jede Form von Meditation (auch das Chanten) ist innere Arbeit. Schaffe einen Freiraum ohne geistige oder materielle Störungen, so dass du deine Aufmerksamkeit ausschließlich auf den gegenwärtigen Augenblick deiner Verbundenheit mit der Göttin richten kannst.

Dein Krafttier

Die Arbeit mit tierischen Führern ist eine wundervolle Möglichkeit, die eigene Herz-Energie zu öffnen. Für viele magische und spirituelle Traditionen waren Naturgeister tausende Jahre lang ein Mittel, sich mit bestimmten Schwingungen zu verbinden. Es ist so etwas wie eine Abkürzung zu einem bestimmten Ziel.

Jeder von uns kennt Tiere, zu denen er mehr Bezug hat als zu anderen. Aus irgendeinem Grund habe ich mich immer zu Elefanten und Raubkatzen hingezogen gefühlt. Jahrelange wusste ich nicht, warum. Bis ich in einer Totem-Meditation die Tiere finden sollte, die mit meinem Herz und meinen spirituellen Chakren (Seite 69) harmonisieren. Und siehe da – es waren diese Tiere! Danach konnte ich mit diesen Tieren energetisch arbeiten.

Wenn du das Tier deines Herzens findest, dann kannst du sanft spüren, wie sich die liebvolle Energie in deinem Leben auftut. Es ist ganz leicht. Sobald du dein Krafttier entdeckt hast, kannst du es jederzeit hervorrufen, indem du bewusst entspannst und die folgende geführte Meditation durchführst. Wenn du dich im Geiste mit deinem Krafttier beschäftigst, dann öffnest du dich der Liebe. Bestücke dein Haus mit Bildern oder Figuren deines Tieres. Du kannst ihm Fragen stellen und es bitten, dir zu helfen, Orte zu reinigen. Es wird dich immer besser unterstützen können, je mehr du dich mit ihm verbindest. Du kannst die Energie deines Krafttieres jederzeit anrufen, wenn du Hilfe brauchst oder dich niedergeschlagen fühlst.

Treffe dein Krafttier

♥ Schließ die Augen und mache es dir bequem. Öffne vor deinem geistigen Auge von unten nach oben jedes deiner Chakren (Seite 69). Sieh, wie sich die Blütenblätter jedes Chakras öffnen. Wie sich die Schönheit der Blüten entfaltet und sie die Energie des Universums aufnehmen.

♥ Nimm drei tiefe Atemzüge durch die Nase und lass sie durch den Mund wieder aus. Spüre, wie jeder Muskel deines Körpers entspannt.

♥ Spüre, wie deine Beine und Arme entspannen, deine Finger und Zehen und dein Nacken und dein Kopf.

♥ Stelle dir vor, du läufst über eine schöne grüne Wiese und in einen Wald hinein. Du spürst einen leichten Wind. Rieche die Blumen und Blätter um dich herum. Alte ehrwürdige Bäume wachsen dort und du bist völlig eins mit der Natur. Es gibt keinen Unterschied zwischen dir, den Blumen, den Bäumen, der Sonne oder dem Wind.

♥ Stehe ruhig inmitten der Natur. Stelle dir vor, wie die Energie der Erde in den Körper einströmt. Die Energie läuft durch deine Füße nach oben durch jedes deiner Chakren. Fühle, wie die Energie durch deinen Unterkörper hinaufströmt, ihn mit Liebe füllt. Ziehe die Energie hoch in dein Herz.

♥ Du wirst dein Herzchakra spüren, genau in der Mitte deiner Brust. Es öffnet sich. Du bemerkst dort drin ein Tier. Vielleicht sofort, vielleicht auch nicht. Oder du weißt schon seinen Namen, bevor du es überhaupt sehen und fühlen kannst. Lass es ganz sanft hervorkommen.

♥ Ich möchte, dass du die liebevolle Energie deines Herz-Krafttieres spürst, während es hervorkommt. Sprich mit ihm. Sei bei ihm. Spiel mit ihm, berühre es, streichle es. Liebe es. Dann lass es wieder in dich zurückkehren.

♥ Lass die liebevolle Energie in deinem Körper sich ausdehnen, sodass jede Zelle deines Körpers davon erfüllt ist. Erfülle dich selbst mit Liebe. Dann, wenn das geschehen ist, öffne die Augen und kehre in den Raum zurück. Das ist eine sehr erdende Energie, du wirst dich friedlich und zuversichtlich fühlen.

Hilfe der Engel

Ein Engel ist ein nicht-körperliches Wesen. Der Begriff Engel bedeutet „Botschafter Gottes". Es gibt viele Engel, die bereit sind, zu helfen. So wie Gott und die Energien der Göttin, sind die Engel bereit, dir in allen Belangen deines Lebens weiterzuhelfen. Sie sind auf bestimmte Gebiete spezialisiert.

Erzengel (die höchsten Engel) und Schutzengel (Engel, die jedem von uns vor unserer Geburt zugeteilt werden) können dir am besten in der Liebe weiterhelfen. Ein Erzengel hat mehr Kraft als ein Schutzengel und ist genau richtig, wenn du eine Portion Extra-Hilfe brauchst.

ERZENGEL JOPHIEL

Erzengel Jophiel kann dich aus negativen Gedankenmustern herausholen. Er hat genau die richtige Energie, wenn du Liebe in dein Leben einladen willst.

Bitte Jophiel, deine Gedanken liebevoller zu gestalten. Sowohl die Gedanken über dich selbst als auch deine im Allgemeinen. Seine Energie wird dir dabei helfen. Du kannst ihre Hilfe erfragen, wenn du dein Heim in Ordnung bringen möchtest. Wenn du deinen Lebensraum schöner machst, zeigst du ihm, dass du Schönheit und Liebe in deinem Leben willkommen heißen möchtest. Rufe ihn an, wenn du aus deinem Zuhause einen Magneten für positive und schöne Gedankenenergien machen willst.

DEIN SCHUTZENGEL

Dein Schutzengel steht dir dein Leben lang bei. Andere Engel sind nur da, wenn du sie herbeirufst. Du musst deinem Schutzengel keinen Namen geben, es reicht, wenn du ihn als deinen Schutzengel siehst.

Bitte ihn, dir seine Anwesenheit zu zeigen. Dann zeigt er sich dir in einer Form, die dir gefällt. Es kann sein, dass du seinen Flügelschlag leicht an deiner Schulter oder auf deinem Rücken fühlst. Oder du spürst ein leichtes Kribbeln am Arm, das zeigt, dass er mit dir Verbindung aufnimmt. Dein Schutzengel kann seine Anwesenheit auch in Träumen zeigen – halte einfach Ausschau nach Helfern, die in den Geschichten deiner Träume auftauchen.

Ganz bewusst kannst du dich mit deinem Schutzengel verbinden, wenn du ihn um Hilfe bittest. Sage zum Beispiel: „Bitte hilf mir, dieses Ziel zu erreichen." Oder: „Bitte hilf mir dabei, den Mut zu finden, mich auf einer Dating-Site anzumelden." Natürlich kannst du ihn auch um ein Zeichen bitten, damit du weißt, dass die Hilfe vom Richtigen kommt. Sage dann einfach so etwas wie: „Bitte gib mir ein Zeichen, dass ich auf dem richtigen Weg bin."

Vielleicht bemerkst du plötzlich etwas, was dir vorher nicht aufgefallen ist, wie etwa eine Werbung, auf der steht „Melden Sie sich jetzt an!". Es ist einfach ein starkes Gefühl, das dich überkommt. Je öfter du mit deinem Schutzengel in Verbindung stehst, desto leichter wird es dir fallen, die feinen Engelsbotschaften zu bemerken.

Wenn du unsicher bist, ob Botschaften von deinen Engeln kommen, denke darüber nach, ob die Nachrichten Gutes bewirken, und zwar nicht nur für dich, sondern für alle anderen Menschen und die Welt im Gesamten. Denn das wird immer im Sinne der Engel sein.

BEISPIEL: JULES

Jules konnte seit frühester Kindheit spirituelle Helfer sehen. Ihre Familie dachte, sie leide an einer Geisteskrankheit und schickte sie zum Psychiater. Später akzeptierte Jule die Tatsache, dass sie halt andere Dinge sah als andere und erzählte es niemandem mehr. Sie verließ Amerika mit Anfang zwanzig, um nach dem Sinn ihres Lebens zu suchen.

Ein Erlebnis in Asien verhalf ihr auf den rechten Weg. Jules reiste mit dem Bus durch Nepal, als dieser an einem Abgrund fast von der Straße abkam. Als sie fühlte, wie der Bus zur Seite kippte und alle Reisenden Panik bekamen, rief sie ihren Schutzengel um Hilfe an.

Sofort kippte der Bus wie durch ein Wunder wieder in die Mitte und die Reifen fanden auf der Straße Halt. Jules und ihre Mitreisenden kamen unbeschadet an ihrem Ziel an.

Nach diesem Erlebnis vertraute Jules ihren Engeln völlig. Sie erzählte mir, dass sie jeden Tag um deren Hilfe bittet. Sie bittet darum, dass sie ihrem Lebenssinn treu bleibt – egal, was die anderen Menschen ihr sagen, was sie tun solle. Sie erbittet Stärke und Mut in Krisensituationen, Liebe und Gesundheit.

Als Jules wieder in die USA zurückkehrte, traf sie einen wunderbaren, spirituellen Mann. Zusammen bauten sie einen Biohof auf. Mithilfe ihrer Engel schreibt und malt Jules heute. Sie hat gelernt, dass Engel, anders als viele Menschen, bedingungslos lieben. Sie bewerten dich nicht. Dein Wille bleibt frei, so dass du aus deinen Fehlern lernen kannst. Sie sind vierundzwanzig Stunden am Tag für dich da, wenn du sie brauchst.

DAS WESENTLICHE

Das Universum ist da, um dir in deinem Leben zu helfen. Es steht immer für Hilfe bereit, wenn du welche brauchst. Einige der Helfer innerhalb des Universums sind auf bestimmte Themen spezialisiert, etwa um in Liebesdingen oder bei Beziehungsproblemen zu helfen.

Je mehr du über ein bestimmtes spirituelles Wesen in Erfahrung bringst, umso besser wirst du dich mit ihm verbinden können und mit seiner Energie mitschwingen.

Du musst dich von dem spirituellen Helfer, mit dem du arbeiten möchtest, angezogen fühlen. Finde so viel wie möglich über die drei Göttinnen heraus, die in diesem Kapitel vorgestellt wurden. Lies über sie und finde selbst noch weitere Informationen. Entscheide dich, mit welcher Energie dieser drei du am besten harmonisierst. Das erkennst du daran, wie du dich fühlst, wenn du an sie denkst. Halte Andachten für die Göttin, für die du dich entschieden hast und die du um Hilfe bitten möchtest, ab. Dabei kannst du auf die Vorschläge aus diesem Kapitel zurückgreifen oder deinen eigenen Instinkten folgen und selbst etwas kreieren. Als Belohnung für deine Andacht werden sie dir helfen.

Eine ganz eigene Beziehung kannst du zu deinem Krafttier aufbauen. Das ist dein ganz persönlicher Tiergeist-Führer. Seine Energie bleibt bei dir und ist dir Trost und Halt.

Bitte die Engel täglich um Unterstützung, dich zu stärken, dein Herz zu öffnen und dir in schweren Zeiten zu helfen.

MEINE NOTIZEN

KAPITEL 8

Seelen-verwandte

'IM SELBEN AUGENBLICK, DA ICH MEINE ERSTE
LIEBESGESCHICHTE HÖRTE, FING ICH AN, NACH DIR
ZU SUCHEN, AHNUNGSLOS, WIE BLIND DAS WAR.
LIEBENDE BEGEGNEN SICH NICHT IRGENDWO.
SIE SIND IMMERZU INEINANDER."'

RUMI

Menschen sprechen oft von Seelenverwandten.
Sie scheinen zu glauben, dass es für jeden von uns
nur eine einzige Person gibt. Und wenn man diesen
Seelenverwandten oder diesen „Einen" findet, dass
dann alle Probleme im Leben verschwinden.

Wenn diese Menschen jemand Besonderes treffen und nach
einigen Monaten der Partnerschaft Probleme auftreten, dann sind
sie desillusioniert, und wundern sich, wie das „der Richtige" sein
kann, wenn doch nicht alles gut läuft.

Wenn du das Universum darum bittest, dir einen Seelenverwandten
zu schicken, dann erfüllt das Universum diesen Wunsch, so wie es das
immer tut. Es kann aber sein, dass du mehr bekommst, als du gedacht
hast. Lies also weiter, um mehr über Seelenverwandte zu erfahren,
damit du entscheiden kannst, ob das etwas ist, was du wirklich willst.

In diesem Kapitel lernst du:

♥ Über Seelenverwandte und karmische Verknüpfungen.

♥ Über Zwillingsseelen.

♥ Über Traumreisen.

Die Definition eines „Seelenverwandten"

Zunächst möchte ich den Begriff möglichst präzise erklären. Viele benutzen den Begriff „Seelenverwandter" und meinen damit jemanden, der sie wahrhaft liebt und den sie wahrhaft lieben. Aus vielen Erfahrungen kann ich sagen, dass jeder zu jeder Zeit ganz bewusst eine tief verbundene, liebevolle Partnerschaft anziehen kann. Wenn es das ist, was du willst, dann würde ich das Wort „Seelen-verwandter" weglassen, und das Universum einfach darum bitten, genau den Menschen in dein Leben zu schicken, mit dem du glücklich sein kannst, der glücklich mit dir sein kann und mit dem du Liebe geben und nehmen kannst.

Bitte, dass dies auf die für dich genau richtige Art und Weise geschehe, so dass es auch in jeder anderen Hinsicht Teil eines glücklichen und ausgeglichenen Lebens wird und „zum Wohle aller gereicht, die damit verbunden sind".

Ein wahrer oder karmischer Seelenverwandter ist jedoch etwas anderes.

Karmische Seelenverwandte

Ein wahrer Seelenverwandter ist jemand ganz Besonderer. Jemand, mit dem du eine tiefe spirituelle Verbindung hast, die aus eurem Karma kommt. Wenn du diese Person triffst, dann spürst du eine tiefe Verbindung und Bindung, aber du wirst nicht unbedingt den Rest deines Lebens mit diesem Menschen zusammenbleiben. Es können viele Gefühle dabei im Spiel sein, die nichts mit Liebe zu tun haben.

Ich bin der Überzeugung, dass es möglich ist, dass viele Seelenverwandte in unser Leben treten, oder dass du vielleicht in deinem ganzen Leben nur einen triffst. Wenn du deinen karmischen Seelenverwandten triffst, tretet ihr in das Leben des jeweils anderen, um einander etwas zu lehren. Ihr seid beide hier, zu lehren und zu lernen. Bei eurem Zusammentreffen gibt euch das Universum die Chance, euch selbst und euren Zweck auf einer tieferen Ebene zu entdecken, so dass ihr beide spirituell und emotional wachsen könnt.

Seinen karmischen Seelenverwandten zu treffen und eine kurze oder auch längere Zeit lang mit ihm oder ihr durchs Leben zu gehen, kann das außergewöhnlichste Heilungserlebnis sein, dass du je haben wirst. Es mag dich im Leben weiter voran bringen, als alles bisher erlebte. Durch einen echten Seelenverwandten kannst du lernen, das erste Mal zu lieben oder tiefer zu lieben.

Du kannst die Seelenerfahrung machen, die du brauchst. Ich denke nicht, dass es nötig ist, mit dem wahren Seelenverwandten ein Leben lang zusammen zu sein. Aber es kann sein. Ich habe Menschen gesehen, die sich zusammentun, dann trennen und nach Jahren wieder zusammenkommen und absolut glücklich für immer zusammenbleiben. Ich habe aber auch schon gesehen, dass sich ein wahrer Seelenverwandter nur für kurze Zeit im Leben manifestierte und dann weiterzog, nachdem gelernt worden war, was gelernt werden musste.

KARMISCHE VERBINDUNGEN

Karmische Verbindungen werden zwischen Seelen in vergangenen Leben geknüpft, und zwar wenn zwei Menschen durch tiefe Gefühle miteinander verbunden waren. Ein karmischer Seelenverwandter kann dein Liebhaber, aber auch dein Bruder, Mutter oder Vater gewesen sein.

Vielleicht habt ihr einander geliebt. Oder einer hat den anderen geliebt, dieser hat den anderen wiederum gehasst. Ein karmischer Seelenverwandter kann sowohl dein Feind als auch dein bester Freund in einem vergangenen Leben gewesen sein. Man sagt, jede tiefe emotionale Verbundenheit kettet einen über Zeit und Raum hinweg aneinander. Wenn eine Person im jetzigen Leben wiederkehrt, gilt es das Karma zu lösen oder eine Lektion aus der Vergangenheit zu lernen. Diesen Vertrag schließt du, bevor du in dieses Leben hineingeboren wirst.

Wenn karmische Liebesverbindungen über verschiedene Leben hinweg bestanden und diese Person wieder auftaucht, trifft dich das wie ein Wirbelsturm. Ihr Erscheinen mag zunächst dein Leben stören und Probleme bereiten, aber wenn es sich um wahre Seelenverwandtschaft handelt, kann man daran nichts ändern. Befindest du dich gerade in einer Partnerschaft wenn dein karmischer Seelenverwandter auftaucht, wird sich dies unzweifelhaft auf deine Beziehung auswirken. Was genau geschieht, hängt davon ab, was dich der Seelenverwandte auf spiritueller Ebene lehren soll. Die bestehende Partnerschaft übersteht das, oder nicht. Wichtig ist, dass du dich nicht weigerst, deine Lektion zu lernen, sondern bereit bist, zu hören und zu sehen, was du über die Liebe wissen musst. Letztendlich geht es bei den Lehren, die dir ein karmischer Seelenverwandter bringt, immer um Liebe und Heilung.

Entscheidend ist, gemeinsam zu lernen, zu wachsen und sich weiter zu entwickeln. Nicht alles wird einfach sein, viele von uns halten fest an dem, was sie kennen, statt sich auf eine bedingungslose Liebe einzulassen. Doch Ablehnung ruft Hartnäckigkeit hervor. Die Liebe findet immer ihren Weg – genau darum geht es. Du wirst lernen, dir selbst und anderen zu vergeben, vielleicht erst langsam. Wir haben immer einen freien Willen und können wählen, ob wir uns als Opfer fühlen und ob wir uns anderen gegenüber lieblos verhalten wollen.

Woran merkst du, ob du aus der Geschichte mit dem karmischen Seelenverwandten etwas lernst? Der einzige Hinweis ist die Liebe. Wenn es dir schlecht geht, erfährst du einen Mangel, keine Liebe. Aber wenn du aus dem Schmerz heraus durch die Vergebung zur Liebe gelangen kannst, kannst du ein Leben lang mit einem karmischen Seelenverandten in wahrem Glück verbringen.

BEISPIEL: JASON

Jason war unglücklich verheiratet, als er Kate kennenlernte. Er verliebte sich sofort in sie. Er spürte, dass sie unzweifelhaft eine Seelenverwandte war. Die Verbindung zwischen ihnen war außergewöhnlich. Er verließ seine Frau, aber die Affäre hielt nicht lange. Trotzdem veränderte er sich sehr. Zum ersten Mal erkannte er, dass er sich jahrelang emotional verschlossen hatte, nur seiner Arbeit nachging und seine Familie gar nicht beachtete.

Obwohl die Affäre zunächst Schmerz verursacht hatte, änderte sich auf lange Sicht vieles zum Guten. Er kehrte zu seiner Familie zurück, änderte sein Verhalten, war liebevoller und ist inzwischen seit mehr als zwanzig Jahren glücklich verheiratet. Er nimmt viel mehr Anteil am täglichen Familienleben und hat seinen anstrengenden Job aufgegeben.

Zwillingsseelen

Viele Menschen glauben, dass eine Zwillingsseele die andere Hälfte der eigenen Seele ist, welche in zwei Teile getrennt wurde. Die Seele erfährt das Leben auf der Erde als männlich und weiblich (yang und yin), die Zwillingsseele hat also das jeweils gegenteilige Geschlecht.

Wenn du deine Zwillingsseele triffst, ist es als träfest du den/die „Eine". Du hast das erste Mal im Leben das Gefühl, völlig ganz zu sein. Es gibt eine starke psychische Verbindung zwischen euch. Du spürst, dass du wirklich verstehst, was der andere fühlt oder sagen wird. Da sind tiefe Liebe und Vertrauen.

Es gibt so viele Theorien über Zwillingsseelen wie über Seelenverwandte. Es ist möglich, dass wir unsere Zwillingsseele erst treffen, wenn wir die Lektionen gelernt haben, die uns von unseren Seelenverwandten gestellt wurden. Eine Zwillingsseele kann nur in unser Leben treten, wenn wir auf einer spirituellen Ebene ausreichend weitergekommen sind und für diese intensive Beziehung reif sind. Eine Beziehung zu einer Zwillingsseele basiert ausschließlich auf Liebe, sie kommt nicht zustande, wenn Bedürftigkeit, Ego oder Wut im Spiel sind.

BEISPIEL: JAKE

Viele Menschen treffen ihre Zwillingsseele, wenn sie eine tief greifende spirituelle Veränderung erlebt haben. Oft ist es ein Zusammentreffen, das durch eine außergewöhnliche Synchronizität zustande kommt. Jake ist ein Beispiel für solch einen Zufall. Er lebte fast dreißig Jahre in Südafrika. Nachdem er nach New York gezogen war, machte er eine schlimme Zeit durch. Er musste einige Verluste und Todesfälle verkraften. Dadurch wurde er bescheidener und spiritueller.

Er meldete sich auf einer Dating-Site an und traf dort Prudence, ein nettes südafrikanisches Mädchen. Sie entdeckten die verrücktesten Übereinstimmungen in ihrem Leben: Sie waren beide in Südafrika auf derselben Schule gewesen. Sie hatten nur eine Straße auseinander gewohnt. Dann waren sie beide im selben Jahr nach New York gezogen. Beide waren verheiratet gewesen. Prudence hatte sich vor einem Monat scheiden lassen, Jake vor einem Jahr. Zu dem Zeitpunkt, als Prudence geschieden wurde, entschloss sich Jake, sich wieder zu verabreden und ein paar Wochen später fand er die Dating-Site, wo er Prudence kennenlernte.

Aus spiritueller Sicht konnten sich diese beiden Seelen nicht früher vereinen, weil beide erst ein Ziel für sich finden mussten. Sie mussten zunächst ihre Seele stabilisieren und heilen, bevor sie sich vereinen konnten, damit ihre Egos sie nicht voneinander wegführen können.

GÖTTLICHER PLAN

Man sagt, dass man seine Zwillingsseele nicht nur trifft, um auf dieser Erde Liebe zu erfahren, sondern um einen göttlichen Plan zu erfüllen. Wenn Zwillingsseelen aufeinandertreffen, erleben sie auf dieser Erde Großes. Sie können zusammen mehr erreichen als jeder für sich – nicht unbedingt materiell betrachtet, sondern indem sie mehr Liebe in die Welt bringen.

Wenn du deine Zwillingsseele triffst, wirst du von bedingungsloser Liebe erfüllt. Manchmal sind Menschen jedoch von anderen geradezu besessen. Sie müssen 24 Stunden am Tag mit ihm zusammen sein und wissen, was er macht und wie er sich fühlt und was er denkt. Sie glauben, dass er der „Eine" für sie sei. Aber das hat nichts mit Zwillingsseelen zu tun. Das Leben mit einer Zwillingsseele ist keine Co-Abhängigkeit. Ihr seid nicht aufeinander angewiesen. Es ist intensiv, man hat seine andere Hälfte gefunden, dennoch ist es immer bedingungslos. Du wirst merken, dass ihr immer absolut ehrlich zueinander sein könnt, weil ihr übereinander in keiner Weise urteilen wollt. In der Tat wird jegliche Bedürftig-keit, die du in vergangenen Beziehungen erfahren hast, dem einfachen Wunsch weichen, emotional und spirituell zusammenzuwachsen. Eure Seelen wissen, dass ihr eine Bindung habt, die das Leben auf dieser Erde überdauern wird.

Nicht jeder von uns wird in seinem Leben eine Zwillingsseele treffen und es wird sich auch nicht jeder wünschen, denn nicht jeder ist spirituell dafür bereit. Die meisten von uns treffen karmische Seelenverwandte und durchleben viele Erfahrungen und Lektionen. Das lässt uns wachsen und jedes Mal mehr und mehr Liebe in unserem Leben erfahren. Unser Selbstempfinden wird stärker und wir werden glücklicher. Es gibt immer Hochs und Tiefs im Leben, aber je besser wir lernen, wie wir Probleme loslassen und Liebe empfangen können, umso mehr wird unser Leben mit Liebe angefüllt sein. Habe keine Angst, Fehler in deinen Partnerschaften zu machen oder den Falschen auszuwählen. Solange du für bedingungslose Liebe offen bleibst, wird sie dich finden, denn sie ist mitten in dir.

Traumreisen

Wenn du dich nach einem wahren Seelenverwandten sehnst oder die Erfahrung einer Zwillingsseele machen möchtest, können Traumreisen dir helfen.

Deine Seele ist frei, nachts zu reisen und andere Seelen zu treffen. Wenn du einmal in deiner Traumwelt Kontakt zu einer anderen Seele hergestellt hast, kannst du ihn oder sie bitten, auch in der physischen Welt zu dir zu kommen. Du musst es nur wirklich wollen und es geschieht.

Denke aber daran, dass es immer eine zeitliche Differenz geben wird, so wie die Fallstudie von Carlos auf den nächsten Seiten zeigen wird.

Als man mir Carlos Geschichte erzählte, verwunderte mich daran am meisten, dass die beiden sich nicht sofort erkannt hatten. Ich weiß aus meiner eigenen Erfahrung und aus der meiner Klienten, dass dies häufig geschieht. Doch wir bekommen oft mehr als nur eine Gelegenheit, unseren wahren Seelenverwandten zu treffen. Wenn wir die Chance nicht nutzen, die Verbindung aber wichtig ist, dann kommt dieselbe Person zum Glück zu uns zurück.

Es ist wichtig, immer offen zu sein, wenn jemand in unser Leben tritt Wichtige Liebesverbindungen kündigen sich nicht mit einer großen Fahne an, auf der steht „Hey, ich bin dein Seelenverwandter" oder „Hallo, ich bin deine Zwillingsseele". Erste Begegnungen können ziemlich trügerisch sein. Eine Verbindung, die auf der Traumebene deutlich ist, muss auf der weltlichen Ebene erst einmal alle deine unbewussten Vorurteile und Verteidigungsmechanismen überwinden. Dein Seelenverwandter kann zum Beispiel sehr dünn sein, obwohl du dich körperlich immer zu etwas rundlicheren Personen hingezogen gefühlt hast. Wenn es so ist, schau hinter die Oberfläche, sonst übersiehst Du vielleicht jemanden, der dich für immer liebt (vielleicht sogar länger als ein Leben lang).

Wenn du deinen Geist offen hältst, wird euch die Liebesbindung aus der Traumebene zusammenbringen und ihr werdet einander erkennen. Es ist einfacher, wenn du nicht zu viele Hindernisse aufstellst.

BEISPIEL: CARLOS

Carlos, ein Schriftsteller, hatte bewusst in seinen Träumen darum gebeten, seine Zwillingsseele zu treffen.

Er erinnerte sich, in fast jedem Traum Zeit mit einer schönen Frau zu verbringen. Er erzählte mir, dass er jeden Morgen, wenn er nach solch einem Traum wach wurde, Liebe spürte, weil er mit ihr im spirituellen Universum zusammen gewesen war. Jeder Traum lief nach demselben Muster ab: Er lief auf einem Pfad entlang durch einen Wald, als sich der Wald zu einer Wiese hin öffnete. Dann bat er darum, seine Zwillingsseele zu treffen und eine Frau erschien. Sie reichte ihm ihre Hand, aber er konnte nie ihr Gesicht sehen. In seinem Traum sprachen sie darüber, zusammen zu sein und über ihre vergangenen Leben, die sie miteinander geteilt hatten. Carlos sehnte sich danach, sie zu treffen, hatte aber keine Idee, wie sie zu ihm kommen könnte und fand auch in seinem Traum keine Botschaft, die ihm helfen würde.

Zu der Zeit, lebte er in Kalifornien. Er durchlebte seine Traumreisen mindestens sechs Monate lang, hatte so ein Gefühl aber nie bei einer Frau, die er auf der Arbeit oder in seiner Freizeit traf. Dann eines Tages erhielt er einen Brief von Natalia, eine Frau, die er nicht kannte und die in Europa lebte.

Sie hatte über seine Arbeit gelesen und lud ihn auf eine Lesereise nach Europa ein. Sie erklärte sich bereit, die Fahrtkosten und die Übernachtungen für diese Reise zu übernehmen; so hatte er wenig zu verlieren.

Als Carlos in Europa ankam, war Natalie sehr überrascht, ihn zu sehen. Nach einem Tag verriet sie ihm auch, warum. Sie erzählte ihm, dass auch sie Traumreisen hatte und sie war überzeugt, dass Carlos der Mann sei, den sie in ihren Träumen getroffen habe, und dass sie füreinander bestimmt seien und heiraten würden.

Zunächst weigerte sich Carlos, Natalia zu glauben. Sie hatte einen ganz anderen und wohlhabenderen Hintergrund als er und er war sich gar nicht sicher, dass es zwischen ihnen eine so starke Verbindung gab. Natalia bestand mutig darauf, dass sie Recht hätte, obwohl es ihr normalerweise peinlich gewesen wäre, sich so anzubieten.

Carlos war etwa eine Woche in Europa. Er hielt seine Vorträge und es waren nur noch zwei Tage bis zu seiner Abreise. Dann hatte er einen Traum: Er lief wieder den Pfad entlang zur Wiese. Seine Zwillingsseele erschien. Sie reichte ihm ihre Hand und zum ersten Mal sah er ihr Gesicht. Ja, es war Natalia.

Carlos erzählte mir, dass sobald er diese Verbindung zu Natalia anerkannte, sie ihre Verbindung auch auf der materiellen Ebene fanden. Sie fühlten sich einander näher und näher, angetrieben von einem Gefühl der Vertrautheit und allmählicher Liebe. Sie erkannten, wie viele Ziele sie miteinander teilten und sahen, dass dies wahrscheinlich der Grund war, warum sie als wahre Seelenverwandte in diesem Leben zueinander gehörten.

Glücklich überwanden sie alle Widerstände, inklusive familiärer Einwände. Heute sie sind verheiratet, leben und arbeiten zusammen und helfen vielen Menschen dabei, ihr Leben zu verbessern.

GLEICH UND GLEICH GESELLT SICH GERN

„Gegensätze ziehen sich an", das hast du sicher schon gehört. Nun, bei den Seelenverwandten läuft das anders. Es ist mehr ein „Gleich und gleich gesellt sich gern". Wenn du einen karmischen Seelenverwandten oder deine Zwillingsseele triffst, dann deshalb, weil ihr euch auf einer tiefen Seelenebene gleicht. Ihr mögt, wie Carlos und Natalia, verschiedene Sprachen sprechen, in unterschiedlichen Ländern leben, aus unterschiedlichen Kulturen und Schichten stammen oder sehr unterschiedliche Jobs haben, aber auf der Seelenebene gibt es eine grundlegende Entsprechung, die euch verbindet. Je mehr ihr einander durch die Liebe kennenlernt, desto mehr werdet ihr den Spiegel im anderen erkennen.

DEINE TRAUMREISE, UM DEINEN KARMISCHEN SEELENVERWANDTEN ZU TREFFEN

Denk dran: Wenn du dir etwas wünschst, konzentriere deine gesamte Aufmerksamkeit darauf. Dann wird genau das auch geschehen. Das ist das Gesetz der Anziehung. Bitte jeden Abend vor dem Schlafengehen darum, dass du die richtige Person für dieses Leben und für diesen Zeitpunkt treffen wirst. Bitte darum, ihn oder sie zu sehen und mit ihm oder ihr zu sprechen. Drücke dich genau aus, damit wer auch immer sich manifestiert, dir die Lebenserfahrungen bringt, die du zu diesem Zeitpunkt brauchst.

Wenn du das luzide Träumen beherrschst, das dir hoffentlich mit der Zeit immer leichter fällt, sage deinem karmischen Seelenverwandten, wo du wohnst, und bitte ihn darum, zu dir zu kommen. Überlasse die Art und Weise, wie dies geschieht, dem Universum und vertraue darauf, dass es weiß, welche Seelenerfahrungen wir zu diesem Zeitpunkt auf der Erde brauchen. Du kannst natürlich darum bitten, dass sich nach dem göttlichen Gesetz alles etwas beschleunigen und das Universum alle Hindernisse aus dem Weg räumen möge, damit es so schnell wie möglich geschehe.

Du kannst fragen, ob dir dein Seelenverwandter Nachrichten oder Zeichen schicken kann, damit du ihn auf der Erde erkennst. (Obwohl das nicht immer passiert, weil es eine deiner Lektionen sein kann, den wahren Seelenverwandten selbst zu erkennen.) Mache das so oft wie möglich, so dass du mit der Energie deines Seelenverwandten vertraut bist, wenn du ihn triffst. So ist es für dich einfacher, ihn wirklich zu erkennen, wenn ihr auf der Erdenebene zusammentrefft.

Ich persönlich bitte noch darum, alle die Lektionen, die mich daran hindern, augenblicklich meinen wahren Seelenverwandten zu treffen, sofort erteilt zu bekommen. Mit anderen Worten: Los geht's! Diese Lektionen bringen mir Erfahrungen, die nicht immer angenehm sind (darum sind es ja auch Lektionen), aber für mein spirituelles Wachstum wichtig sind. Ich bevorzuge es, sie alle auf einmal, in diesem Leben, aus dem Weg zu räumen. (Ich war schon in der Schule ein kleiner Streber und nun bin ich auch noch ein ehrgeiziger spiritueller Streber.)

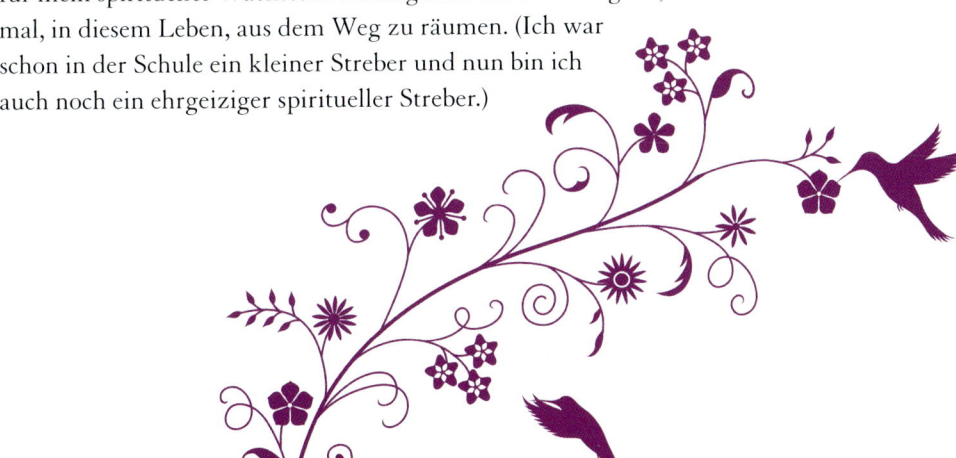

Erkenne deinen karmischen Seelenverwandten/ deine Zwillingsseele

Wie du in diesem Kapitel gesehen hast, erkennt man einander nicht unbedingt sofort. Die einzige Möglichkeit, den anderen zu erkennen, ist das Fühlen, nicht das Denken. An einem bestimmten Punkt eurer Beziehung wird sich ein Gefühl einstellen, dass mit Vertrautheit und Vertrauen beginnt und sich dann zur Liebe öffnet. Diese Vertrautheit basiert darauf, dass ihr einander schon vorher getroffen habt, entweder auf der Traumebene oder in anderen Leben.

Wenn ihr aus irgendeinem Grund getrennt werdet, dann fühlst du diesen Verlust sehr deutlich in deinem Herzchakra (Seite 69). Das unterscheidet sich sehr vom Verlust einer Person, derer man bedurfte, die man aber nicht tatsächlich liebte – das fühlt man im Solarplexuschakra.

DIE VOM HIMMEL GESANDTE HOCHZEIT

Wenn du schließlich auf der Erdenebene deinen Seelenverwandten bzw. deine Zwillingsseele aus deinen Träumen triffst, habt ihr durch eure tiefe Bindung die Möglichkeit, die vergangenen karmischen Lektionen zu überwinden und eine selige Verbindung einzugehen: Eine „vom Himmel gesandte Hochzeit".

Das wird nicht sofort geschehen. Es gibt zwei Ebenen, mit einer anderen Person zusammenzukommen: die seelische und die persönliche. Die Sehnsüchte der Persönlichkeit können der Liebe und einer Seelenverbindung in die Quere kommen. Die Persönlichkeit möchte zum Beispiel einen großen, dunklen und schönen Mann. Die Seele möchte aber einen kleinen, blonden Mann. Wenn die Persönlichkeit auf stur schaltet, dann muss die Seele solange warten, bis die persönlichen Themen durch sind.

Deine vom Himmel gesandte Hochzeit ist anstrengend und fordernd. Darum halten nicht alle Verbindungen wahrer Seelenverwandter ewig. Wenn du noch immer Gedanken und Glaubenssätze hegst, die die Liebe ablehnen, dann wirst du diese erst weiter heilen müssen, sonst spiegelt dein wahrer Seelenverwandter sie dir zurück.

Achte auf das, was geschieht und welche Gedanken aufkommen. Sind es Gedanken des Mangels oder der Fülle (Seite 21)?

Wenn du dich bedrückt fühlst, verwendest du zuviel Energie und Gedanken darauf, was die anderen von dir denken. Wenn du das Gefühl hast, abgelehnt zu werden, lehnst du dich selbst ab. Dies alles sind Probleme der Persönlichkeit, nicht der Seele. Falsche Denkweisen und Illusionen bewirken diesen Schmerz, nicht dein wahrer Seelenverwandter.

Das Gefühl, dass jemand in Zeiten emotionaler oder spiritueller Turbulenzen für dich da ist, kommt aus euer beider Seelen, die einander anrühren und unterstützen. Das Leben mit einem Seelenverwandten ist nicht immer reine Glückseligkeit, wird aber immer von dem tiefen Gefühl der Liebe getragen.

Wenn du deinen richtigen Gefährten gefunden hast und die unwichtigen alltäglichen Streitereien, die von der Persönlichkeit herrühren, beiseite lässt, ist es so, als hättet ihr beide nun einen feste Grundlage für euer Leben. Egal, was geschieht, eure Liebe ist ein Schutznetz, das euch auffängt. Ihr kommt zusammen, wachst zusammen, erlebt Leidenschaft und findet Sinn zusammen.

DAS WESENTLICHE

Die Zukunft, die du dir wünschst, kommt zum Teil durch dein eigenes Handeln und zum Teil durch das Handeln des Universums zustande. Manchmal gibt dir das Universum die Gelegenheit, zu lernen, damit du dich als spirituelles Wesen weiterentwickeln kannst. Eine dieser Gelegenheiten sind Menschen, die in dein Leben treten, damit du von ihnen etwas lernen kannst, was du vorher noch nicht lernen konntest oder nicht lernen wolltest. Wir sprechen von Seelenverwandten, aber das ist ein häufig falsch verwendeter und falsch verstandener Begriff. Möchtest du wirklich einen wahren karmischen Seelenverwandten in deinem Leben treffen? Hast du deine Zwillingsseele getroffen? Hast du jemanden getroffen, von dem du glaubst, er könnte ein wahrer karmischer Seelenverwandter sein?

Wenn du meinst, dass du diese Erfahrung schon gemacht hast oder machen möchtest, dann sei offen und bereit, von dem zu lernen, was geschieht. Du musst anerkennen, dass deine Erfahrungen nicht immer einfach sein werden, doch sie werden immer zu deinem Besten sein. Frage das Universum, was dieser Mensch dich für deine spirituelle Weiterentwicklung lehren kann. Denke daran, dass er nicht unbedingt in deinem Leben bleiben wird, aber das Wissen aus diesem Erlebnis wird dir immer erhalten bleiben, egal was geschieht.

MEINE NOTIZEN

KAPITEL 9

Sei für die Liebe bereit

'ES GIBT ZWEI ARTEN SEIN LEBEN ZU LEBEN:
ENTWEDER SO, ALS WÄRE NICHTS EIN WUNDER,
ODER SO, ALS WÄRE ALLES EINES.'
ALBERT EINSTEIN

Okay, was nun? Vielleicht haben bereits erste Veränderungen in deinem Leben stattgefunden. Oder aber du wartest noch auf erste Resultate. Vielleicht ist sogar schon eine ganze Menge geschehen. Also, was machst du als Nächstes?

Veränderung ist wie eine Reise. Sie kann in kleinen Schritten oder an einem einzigen Tag geschehen, wenn du am wenigsten damit rechnest. Ich weiß nicht, was auf dich zutrifft, denn wir sind alle unterschiedlich. Aber ich kann sagen, dass wenn du dich selbst änderst, es unmöglich ist, dass sich nicht auch dein Leben verändert. Innerer Wandel bewirkt äußeren Wandel. Sobald du in Aktion trittst für eine neue Zukunft, wird sich die neue Zukunft auf den Weg machen.

In diesem Kapitel lernst du:

♥ Dem Universum zu vertrauen.

♥ Checkliste: Wie lade ich die Liebe ein?

♥ Happy Ends.

Wann wird meine neue Zukunft beginnen?

„Wann?" ist die Frage, die ich am häufigsten zu hören bekomme. Wie lange muss ich warten? Das hängt zum Teil von deinem Glaubenssystem und dem Timing deiner Manifestation ab und zum Teil von den Regeln, denen wir alle unterliegen. Du bist ein Mensch, und ein Mensch handelt in der materiellen Welt entsprechend der Regeln von Zeit und Raum.

Aber wenn man wirklich darüber nachdenkt, dann haben wir in diesem Universum, Gott sei Dank, Zeit und Raum. Wenn ich um ein neues Zuhause, eine Küche, einen Liebhaber, Job oder sonstwas bitte, möchte ich dann wirklich, dass alles auf einen Streich durch meinen Kamin herabsegelt? Veränderungen geschehen genau dann, wenn ich bereit für sie bin, auch wenn ich die Dinge gerne etwas beschleunigen würde.

Nichtsdestotrotz bin ich mir sicher, dass ich nicht die Einzige bin, die das manchmal frustrierend findet. Jeden den ich kenne und der sich bewusst mit Manifestationen beschäftigt, ist manchmal frustriert, wenn es ums Warten geht. Doch manchmal helfen uns Zeit und Raum. Dinge geschehen zu einer bestimmten Zeit, weil das Universum wirklich weiß, wann der rechte Zeitpunkt ist. In der Vergangenheit traf ich Menschen, ohne sie zu bemerken, und erst Jahre später, als ich bereit für ein Kennenlernen war, sah ich sie wieder und bemerkte sie. Zu einer Zeit, als mir materieller Wohlstand unwichtig war, lehnte ich alle diesbezüglichen Möglichkeiten ab. Als ich ihn dann bewusst wollte und auch bekam, konnte ich ihn viel mehr schätzen als jemals zuvor. Warum geschah dies alles erst zu einer bestimmten Zeit? Nun, meine Glaubenssätze mussten sich erst wirklich verändern, und sobald ich viel Mühe darauf verwendet hatte, sie zu ändern, und mir klar war, was ich wollte und was genau für mich das Richtige war, antwortete das Universum sofort.

Ich weiß, ich weiß! Du denkst immer noch: „Aber ich bin bereit!" Ich kann nur sagen, dass du wirklich vertrauen musst. Vertraue darauf, dass eine Transformation deines Lebens jetzt unterwegs ist. Vertraue darauf, dass das Universum den richtigen Zeitpunkt für dich kennt. Du bist schon auf dem Weg in eine neue Wirklichkeit – eine Wirklichkeit, um die du gebeten hast. Sei geduldig. Die Dinge zu forcieren oder zu sehr auf das Ergebnis zu drängen, macht die Sache auch nicht schneller. Sich sanft darauf zu fokussieren, was du in dein Leben bringen möchtest, reicht völlig aus.

SEI GEDULDIG

Schwöre dich auf deine Zukunft mit Dankbarkeit ein und lass Liebe und Fülle in dein Leben strömen. Glaube daran, dass es sich schon ganz in deinem Leben manifestiert hat.

Vertrauen reicht. Wenn du einmal die Saat deiner Gedanken in das Universum gepflanzt hast, weiß das Universum, was du willst und verändert die Gegebenheiten deines Lebens. Es ist so, wie wenn du in deinem Garten einen Samen säst. Dann gibt es Allerlei, was unsichtbar unter der Erde geschieht. Erst, wenn die Erde für die Pflanze bereit ist, dann bricht diese hervor.

Mach mit deinem Leben weiter, sei voller Enthusiasmus und nimm dir mehr Zeit für Spaß und Freude. Mach weiter und bemerke all die schönen Dinge, die du schon in deinem Leben hast. Schritt für Schritt, Stück für Stück machst du dir das Leben so, wie du es immer wolltest, bringst mehr und mehr Erfahrungen hinein, von denen du immer geträumt hast, und du wirst zu der Person, die du immer sein wollest. Sei geduldig und erlaube dem Universum, dir deinen wunderbaren neuen Start zu zeigen.

Wenn du zweifelst...

Was ist, wenn du zweifelst? Was, wenn es zu lange dauert? Was, wenn du denkst, dass es geschieht, du aber nicht ganz sicher weißt, dass es geschieht? Oder du denkst, du weißt es, bist aber unsicher, und weißt nicht, was du weißt?

Ja, diese Sätze sind kompliziert und schwer zu verstehen. Aber es ist noch verwirrender, wenn diese Gedanken in deinem Kopf immer und immer wieder herumschwirren. Wenn du zu zweifeln beginnst oder nicht sicher bist oder verwirrt bist oder zu viel nachdenkst oder sonstwie auf dem Schlauch stehst, wenn es darum geht, was du denkst, was du in deinem Leben manifestieren kannst, dann – hör auf! Nimm einen tiefen Atemzug und gehe noch einmal an den Anfang zurück.

Hier kommt die letzte Checkliste, die dir dabei hilft, dein wirklich schönstes Leben zu erschaffen.

CHECKLISTE: DIE LIEBE ANZIEHEN

♥ Prüfe, ob und wo du stecken geblieben bist. Lies noch einmal die Kapitel, die dir am besten weiterhelfen könnten. Schau noch einmal auf die Formel zur Liebesanziehung (Seite 9). Sieh nach, ob es irgendetwas gibt, was du vergessen, ausgelassen oder zu hastig gemacht hast.

♥ Prüfe deine Glaubenssätze. Glaubst du, dass es OK ist, Liebe anzuziehen? Glaubst du, dass du es verdienst, Liebe anzuziehen? Glaubst du, dass du Liebe anziehen kannst? Hast du allen Mangel losgelassen und bist zu einer neuen Denkweise erwacht?

♥ Prüfe, ob du geheilt hast, was Heilung bedurfte. Hast du wirklich allen vergeben, denen in deinem Leben vergeben werden musste, einschließlich dir selbst? Hast du dir sowohl die guten Dinge gemerkt, die du aus der Vergangenheit gelernt hast, als auch die Dinge, die du nicht länger behalten willst?

♥ Prüfe deine Intention. Hast du eine klare Vorstellung von dem, was du in deinem Leben bewirken möchtest? Hast du Bilder, die das Leben zeigen, das du führen wirst, wenn es von Liebe erfüllt ist? Glaubst du sicher, dass dies möglich und wahrscheinlich ist, so dass es nicht länger nur ein Wunsch ist?

♥ Prüfe deine Selbstliebe. Wie fühlst du wirklich mit dir selbst? Sei absolut ehrlich. Ich meine nicht nur dann, wenn du dich gerade super fühlst, sondern jeden Tag, egal wer gerade in deinem Leben präsent ist oder auch nicht.

♥ Prüfe deine täglichen Gewohnheiten. Hast du regelmäßig Rituale etabliert, die deinen Glauben festigen, dass du Liebe in dein Leben anziehen wirst? Hast du das Krafttier deines Herzens gefunden? Hast du dich entschieden, zu welcher Liebesgöttin du dich am meisten hingezogen fühlst? Hast du sie um Hilfe gebeten? Baue eine Verbindung zum spirituellen Universum auf und die Energien werden dir täglich in deinem Leben helfen.

♥ Prüfe deine Träume. Was geschieht in ihnen? Zeigen Sie dir, wie nahe du deinem neuen Leben bist? Zeigen Sie irgendwelche Blockaden, die gelöst werden müssen, oder Gedankenmuster, die noch da sind und einer kleinen Änderung bedürfen? Hast du es mit Tagträumen versucht? Wenn nicht, dann probiere es aus. Wenn ja, dann wie regelmäßig? Nimm dir eine Woche Zeit und probiere die Tagträume, um deine Träume zu gestalten. Lass deine Gefühle dort hineinfließen, so dass sie zu einem Liebesmagneten werden.

Happy End

Zum Schluss möchte ich noch einmal auf Lucy zurückkommen, von der ich in Kapitel 1 (Seite 14) erzählt habe. In Lucy ging eine Veränderung vor, als sie das erste Mal das Gesetz der Anziehung ausprobierte. Ein Jahr, nachdem sie damit begonnen hatte, ihre Denkweise zu ändern, rief sie mich überraschend an.

Ein Jahr zuvor hatten wir beide in einem Café gesessen und Lucy hatte das Leben beschrieben, dass sie sich wünschte: mit einem wunderbaren Mann, der sie so liebte, wie sie war. Wir sprachen lange über das, was sie sich wünschte, aber ich konnte sehen, dass sie nicht sicher war, ob sie wirklich so eine Veränderung in ihrem Leben bewerkstelligen könnte. Aber trotzdem war etwas in Bewegung gesetzt, denn ein paar Monate später begann sie damit, eine Änderung nach der anderen vorzunehmen.

Zunächst traf Lucy die Entscheidung, in ein anderes Haus umzuziehen, denn noch lebte sie dort, wo sie mit ihrem Ehemann gewohnt hatte. Sie hatte ihr altes Zeug weggeworfen und sich neue Kleidung und neue Möbel gekauft. Zu dieser Zeit gab es nur wenige Männer in ihrem Leben. Sie war umgeben von Single-Frauen, die sich ständig darüber beschwerten, was sie mit ihren Männern durchgemacht hatten. Sobald Lucy umgezogen war, was eine große Entscheidung gewesen war, bekam sie die Möglichkeit für eine neue Karriere geboten. Sie begann auszugehen und viele neue Leute kennenzulernen und bekam so ihr Selbstvertrauen zurück. Sie traf nicht sofort einen neuen Freund, war aber schon viel glücklicher.

Dann rief mich Lucy eines Tages an. „Etwas total Verrücktes ist geschehen", sagte sie. „Ich habe gerade aufgehört, nach einem Mann zu suchen, und mich entschieden, mit meinem Leben zurechtzukommen. Gerade dachte ich, das Leben ist zu kurz, um sich länger Sorgen zu machen, und hatte mich entschieden, mit dem glücklich zu sein, was ich habe. Es ist fast auf den Tag genau ein Jahr her, dass ich diese Entscheidung getroffen habe, da bekam ich eine E-Mail. Zuerst wollte ich sie löschen, weil ich den Absender nicht kannte und dachte, es wäre eine Spam-Mail. Aber irgendwas ließ mich sie öffnen."

Die E-Mail stammte von einem Ex-Freund von Lucy aus längst vergangenen Tagen – Bob, der letzte Freund, den sie hatte, bevor sie Steven kennengelernt und geheiratet hatte. Sie waren etwa ein Jahr zusammen, aber dann ging Bob ins Ausland, um einen Freiwilligendienst zu machen, und sie hatten den Kontakt verloren. Das war noch zu einer Zeit gewesen, als nicht jeder E-Mail hatte und es noch kein Facebook gab. Es zeigte sich, dass Bob ein Jahr lang versucht hatte, Lucy ausfindig zu machen – und erstaunlicherweise um die Zeit herum, als Lucy mit mir in dem Café gesessen und über ihr neues Leben gesprochen hatte. Er hatte an ihre alte Familienadresse eine Karte geschrieben, alte Freunde angemailt, aber keiner stand mehr mit ihr in Kontakt. Bob war nahe daran, aufzugeben, als er eine alte Freundin von Lucy fand und sie ihm Lucys E-Mail-Adresse gab.

Es ist ein Happy End wie im Märchen. Lucy war sehr aufgeregt, Bob nach so vielen Jahren wiederzusehen, aber dann fühlte es sich für beide so natürlich an, zusammen zu sein, dass sie nach nur drei Monaten zusammenzogen.

„Ich wusste einfach, dass es sicher war, mit ihm zusammenzusein, weil er mich schon vorher geliebt hatte", erzählte Lucy, „aber auch, weil ich all' diese Veränderungen selbst durchgemacht hatte in den letzten Jahren. Ich war mutiger im Leben und wusste, dass es möglich war, wieder mit jemandem zusammen ich selbst zu sein."

DAS WESENTLICHE

Jetzt, wo du am Ende des Buches angekommen bist, wünsche ich dir, dass deine Geschichte auch ein Happy End haben möge.

Nimm dir die Zeit, die du brauchst, um dein Leben zu ändern und es so zu gestalten, wie du es haben möchtest.

Lerne in der Praxis, wie das Gesetz der Anziehung jeden Tag Liebe in dein Leben bringen kann.

Verändere die Geschichte deiner Vergangenheit zu einer glücklichen. Erkenne das perfekte, liebevolle Wesen, das du bist. Beginne jetzt mit einem leeren Blatt Papier und fang an, dein Leben zu träumen, das du dir erschaffen willst.

Schau auf das Universum und die Helfer, die dort sind, um dir behilflich zu sein, deinen Traum von einer liebevollen Zukunft zu realisieren.

Verlasse dich auf das Gesetz der Anziehung als das perfekte Mittel, dir die Zukunft in dein Leben zu bringen, die du dir wünschst.

Formuliere deine Absicht, deine Zukunft mitzugestalten, und zeige dem Universum deine Hingabe, indem du jeden Tag etwas machst, was dich vorwärts bringt.

MEINE NOTIZEN

Post Scriptum

Was ist, wenn es nicht funktioniert?

♥ Verändere den zeitlichen Rahmen. Lass den Termin ganz weg oder schiebe ihn weiter raus. Ungeduld führt nicht zum Ziel. Indem man verbissen auf die Ergebnisse wartet, zögert man sie nur immer weiter hinaus.

♥ Lass deiner Zukunft genügend Zeit, sich zu manifestieren.

♥ Denke daran, dass du die Arbeit des Universums nicht besser sehen kannst als ein Samenkorn, das unter der Erde heranwächst. Wenn du denkst, dass nichts passiert, dann geschieht vielleicht gerade etwas, dem du mehr Beachtung schenken solltest.

♥ Wenn du dann immer noch nicht das bekommst, was du dir wünschst, verändere etwas. Verändere dein Verhalten, deine Denkweise oder das Ziel, das du anstrebst.

♥ Halte Ausschau nach unbewussten lieblosen Gedankenmustern, die sich mehr auf Mangel als auf Fülle fokussieren. Wenn es noch welche gibt, ändere sie.

♥ Achte besonders darauf, was du über Partnerschaft denkst. Vergebe der Vergangenheit, dir selbst und den Menschen, die dich verletzt haben.

♥ Schau nach, ob dein Bild deiner Zukunft deutlich genug ist.

♥ Stelle fest, ob dein Bild gut für dich und alle um dich herum ist. Sei sicher, dass es dein Leben ins Gleichgewicht bringt, indem du dich fragst, ob es wirklich das ist, was du willst.

- ♥ Mach verschiedene Schritte hin zu deiner neuen Zukunft und siehe, was geschieht.

- ♥ Nutze Rituale, um die Absichten, die du für dein Leben hast, zu stärken.

- ♥ Verändere dein Zuhause, um dein neues Du zu zeigen.

- ♥ Halte Ausschau nach „Spiegeln" um dich herum und die Menschen, die in dein Leben treten. Wenn sich dein Leben beginnt zu ändern, zeigt sich das zuerst an den Menschen, die du anziehst.

- ♥ Schenke deinen nächtlichen Träumen Aufmerksamkeit. Du kannst auch tagsüber meditieren, wenn dir das leichter fällt, nach Botschaften des spirituellen Universums zu suchen.

- ♥ Schaffe dir eine Verbindung mit einer Liebesgöttin und lass sie dir helfen.

- ♥ Zum guten Schluss, wenn du alles getan hast, dann vertraue! Vertrauen ist ein Gedankemuster der Fülle. Vertraue und lass los, verlass dich nur ganz darauf, dass das Universum dir auf jeden Fall eine Zukunft bringt, die vielleicht nicht genau so aussieht, wie du es dir gewünscht hast, die aber noch sehr viel mehr zu deinem Besten ist.

MEINE NOTIZEN

MEINE NOTIZEN

Quellen

In alphabetischer Reihenfolge

Fotolia: adore 153; Adrian Hillman 93; Ainoa 66, 122/123; Anna Tyukhmeneva 79, 188/1899; Argus 169; Beaubelle 74; Bunadruhu 166; Christine Krahl 148, 150; Daevid 111; Danimarco 129; Daria 182 unten; Dasha Antonova 132/133; DouDou 36, 77, 80/81, 88/89, 134/135, 147 oben; Elena Abramova 178; Floris70 155/156; garden996 140/141; Gerry 158; greek_usik 100; ihor-seamless 86/87; Jula 114; Kudryashka 65, 71, 98/99, 102, 184/185; LenLis 18, 180/181; Maria Cherevan 149; Mark J Grenier 171; Maud Talêque 15; Meraklitasarim 117; Mike Thomas 172; Nobilior 110, 130; Oksana 94, 173, 174/175; OlgaYakovenko 51; Onflying 21, 106/107; Pavel Konovalov 68, 90/91, 96/97, 136/137; Scusi 60; Senoldo 78, 152; Sgursozlu 176; Sibear 120; Stef in BA 146 unten; Styleuneed 38/39; Tolchik 5, 23, 76, 90 oben, 108; Ultramarin 4

iStockphoto: 7, 24/25, 40/41, 42, 48, 53, 54/55, 56, 58/59, 69, 82/83, 84-86, 109, 124/125, 126/127, 144, 151, 162/163, 182 oben

Thinkstock: Hemera 6/7, 10, 12, 16/17, 22, 26/27, 30/31, 32-34, 44/45, 47, 49, 62/63, 64 oben, 73, 104/105, 116, 118, 138, 142, 160, 164, 186

Tom Lane: 3